U0114502

體育教師與教練

◆必備的心智訓練法◆

吳萬福　著

臺灣學生書局印行

自　序

　　人的有意行為是由本身的需求與外界的刺激所引起的。但
是所引起的行為效率卻決定於人的智慧、意志與情緒。

　　競技或錦標運動（Athletics or Champion Sport）也
是人的有意行為之一。若想參加競賽發揮全力，創造優異成績
或擊敗對手榮獲冠軍，非具備充沛的體能、優異純熟的技術與
聰慧堅強的心智能力不可。

　　自從法國人古柏丁創辦近代奧林匹克運動會以來，已歷一
世紀有餘。其間，各種（項）競技運動不斷更新記錄；尤其近
二、三十年來為甚。究其原因，除了依據運動科學的研究，不
斷改進體能與運動技術的有效訓練外，自1970年代開始引用心
智訓練法，加強運動選手的競賽性心理能力亦為原因之一。

　　目前，歐、美、日等不少先進國家，為進一步提升運動選
手成績成立教練團，其中包括運動心理學家，以協助培訓選手
的競賽性心理能力。所謂運動競賽所需具備的心理能力是，包
括旺盛的競賽意願、堅強的意志、克服困難的耐心、穩定的情
緒與專注力，參加競賽時的判斷、果斷、臨機應變的能力與虛
心合作等。

　　近年來，我國朝野極重視優秀運動選手的培養。同時不斷
的鼓勵教練致力訓練能創造優異成績的選手。不少教練亦不斷

吸收教練新知，透過平時訓練與比賽加強選手的體能與技術
並獲得相當的成果。但是有關運動選手應進一步加強的競賽
性心理能力的指導法似嫌薄弱，以致臨場競賽時無法發揮最
佳成績。

　　筆者有鑑於此，積數年時間搜集相關文獻、研究資料及國
內外所見心智訓練事實，針對教練及選手需要撰寫提升競賽性
心理能力（心智能力）的訓練方法。本書引用不少相關文獻敘
述相關理論與實務性方法，其目的在提供體育教師或教練指導
選手從事平時訓練及參加比賽時之參考。但願本書的出版，能
對我國競技運動成績的提升有所助益。

體育教師與教練必備的
心智訓練法

目　次

自　序 ……………………………………………… I

第一章　緒　論 …………………………………… 1

第二章　競技運動獲勝的條件 ………… 5

壹、競技運動的本質、種類與心理特性 ……………… 5

　一、本質 ……………………………………………… 5

　二、種類 ……………………………………………… 5

　三、心理特性 ………………………………………… 6

　　㈠個人性運動 ……………………………………… 8

　　㈡雙人性運動 ……………………………………… 9

　　㈢團體性運動 ……………………………………… 10

貳、競技運動獲勝的條件 ……………………………… 11

　一、基本條件 ………………………………………… 11

(一)身體的條件……………………………………12

(二)精神的條件……………………………………13

(三)技術的條件……………………………………14

二、相關條件………………………………………14

(一)場地、設備與器材……………………………14

(二)觀眾……………………………………………15

(三)教練……………………………………………15

(四)裁判員…………………………………………16

(五)氣象……………………………………………16

(六)運氣……………………………………………17

第三章　教練的任務……………… 19

壹、教練的意義與功能……………… 19

貳、教練應具備的能力……………… 19

一、能徹底瞭解運動選手的天賦能力與未來的發展可
能極限………………………………………………20

二、能把握運動選手對該項運動的心理適應性…………20

三、能訂定並鼓勵運動選手實踐既定的訓練計劃…………21

四、要具有提升運動選手的訓練與比賽等意願的能力……22

五、要有採用因材施教的方法，指導運動選手的能力……23

六、不斷研究改進組訓運動團隊的能力………………24

七、具有勤於搜集相關情報，對比賽多做準備工作的

能力……………………………………………**25**

參、教練的修養 …………………………**26**

一、一般修養……………………………**26**

(一)具有競技運動的正確觀念 ………………**26**

(二)了解自己與運動選手 ……………………**27**

(三)選、訓、賽所需要的運動科學理論與方法………**28**

(四)高尚品德與領導才能 ……………………**28**

二、運動心理學的修養…………………**34**

(一)運動心理學的意義、內容與研究方法…………**35**

(二)各項運動的種類與心理特性的關係 …………**35**

(三)運動選手的身、心、社會行為的發展特徵………**37**

(四)運動的動機………………………………**37**

(五)運動的學（練）習理論與實際方法 …………**38**

(六)運動學（練）習的過程與結果 ………………**39**

(七)運動比賽…………………………………**40**

(八)運動與人（性）格的培養 ………………**41**

(九)運動與心理治療…………………………**41**

肆、教練指導運動選手獲勝的具體方法 …………**42**

一、首要了解所參加的比賽層次與重要性為何？同時

決定勝負的因素有那些？………………**42**

二、獲勝前的準備……………………………**43**

㈠加強平時的合理訓練……………………………43

㈡克服心智問題……………………………………43

㈢將生活納入訓練範圍……………………………44

㈣賽前的訓練設計與調整…………………………44

㈤比賽時的教練任務………………………………44

三、比賽當天須知…………………………………………45

㈠徹底了解比賽場的特徵…………………………45

㈡了解教練及選手的身心狀況……………………45

㈢洞察對手的習性、企圖…………………………45

㈣了解裁判員的習性、執法技術與態度…………45

㈤提升自我能力至最佳狀態，將對手陷入最佳狀態…45

㈥教練在比賽當天的作爲…………………………46

第四章 競賽性心理能力的意義、內容及其重要性……………47

壹、競賽性心理能力的意義 ………48

貳、競賽性心理能力的內容 ………49

參、競賽性心理能力的重要性 ………54

一、站在有意行爲的立場而言………………………54

二、站在發揮個人體能與技術的立場而言…………55

三、站在發揮團隊能力的立場而言…………………55

第五章　競賽性心理能力的測驗法

第五章　競賽性心理能力的測驗法 ·················**57**

壹、德永式競賽性心理能力測驗 ·················**57**

一、做爲「特性」的競賽心理特性診斷測驗·········**57**

二、做爲診斷競賽心理狀態的「德永式競賽心理狀態診斷
測驗」·················**60**

三、測驗結果的整理·················**61**

貳、江川式性格、心智及敗因診斷等測驗 ·········**69**

一、性格的自我檢查法·················**69**

二、心智訓練的檢查項目·················**70**

三、敗因診斷表·················**72**

參、新修訂Y－G性格測驗·················**75**

一、新修訂Y－G性格測驗題的**120**個問題 ·········**76**

二、Y－G性格測驗回答表·················**80**

三、Y－G性格測驗結果的整理與分析·········**82**

　　㈠整理法·················**82**

　　㈡分析法·················**82**

　　㈢**Y－G**側面圖（profile）五種類型的性格特徵 ···**85**

　　㈣**Y－G**側面圖（profile）的示例 ·········**86**

肆、u－k精神診斷測驗·················**95**

一、u－k精神診斷測驗的特性⋯⋯⋯⋯⋯⋯⋯⋯⋯⋯**95**

二、測驗的實施順序與整理法⋯⋯⋯⋯⋯⋯⋯⋯⋯⋯**96**

三、u－k測驗結果的人（性）格類型與特徵，及精神健

　　康程度的區分⋯⋯⋯⋯⋯⋯⋯⋯⋯⋯⋯⋯⋯⋯**98**

第六章　加強競賽能力的方法⋯⋯⋯**109**

壹、成立或加強運動科學支援的體制⋯⋯⋯⋯⋯ **109**

貳、診斷、評量所屬運動選手的競賽能力 ⋯⋯ **111**

一、技術的診斷、評量⋯⋯⋯⋯⋯⋯⋯⋯⋯⋯⋯⋯ **111**

二、體能的診斷、評量⋯⋯⋯⋯⋯⋯⋯⋯⋯⋯⋯⋯ **111**

三、心智能力的診斷、評量⋯⋯⋯⋯⋯⋯⋯⋯⋯⋯ **112**

參、設定目標與達成目標的方法 ⋯⋯⋯⋯⋯⋯⋯ **112**

一、訂定明確較高的目標⋯⋯⋯⋯⋯⋯⋯⋯⋯⋯⋯ **113**

二、具體目標配合適當的回饋時⋯⋯⋯⋯⋯⋯⋯⋯ **114**

三、設定包括成就回饋的明確目標時，可以有效防止集

　　團運動動機的衰退或減弱⋯⋯⋯⋯⋯⋯⋯⋯⋯ **114**

　　㈠開訓時的目標⋯⋯⋯⋯⋯⋯⋯⋯⋯⋯⋯⋯ **115**

　　㈡對比賽的目標⋯⋯⋯⋯⋯⋯⋯⋯⋯⋯⋯⋯ **117**

　　㈢賽後或季節後的目標修正⋯⋯⋯⋯⋯⋯⋯⋯ **117**

肆、提升運動選手的知性能力 ⋯⋯⋯⋯⋯⋯⋯⋯ **119**

伍、引用心智訓練法⋯⋯⋯⋯⋯⋯⋯⋯⋯⋯⋯⋯⋯**119**

陸、常與實力相當或堅強的對手一起練習或
　　比賽‥‥‥‥‥‥‥‥‥‥‥‥‥‥‥‥‥ **120**

第七章　提升競賽性心理能力的
具體步驟 ‥‥‥‥‥**123**

壹、先行診斷運動選手的競賽性心理能力的
**　　現狀**‥‥‥‥‥‥‥‥‥‥‥‥‥‥‥ **124**

貳、設定具體可行的目標‥‥‥‥‥‥‥ **124**

一、設定對結果的目標‥‥‥‥‥‥‥‥‥ **125**

二、比賽內容的目標‥‥‥‥‥‥‥‥‥‥ **125**

三、擬定達成目標的方法‥‥‥‥‥‥‥‥ **125**

四、自我宣言‥‥‥‥‥‥‥‥‥‥‥‥‥ **126**

五、要了解達成目標的好處與可能遭遇的阻礙‥‥‥‥‥ **126**

參、提升放鬆能力的方法‥‥‥‥‥‥‥ **127**

一、先了解爲什麼會緊張‥‥‥‥‥‥‥‥ **127**

二、身體（肌肉）的放鬆法‥‥‥‥‥‥‥ **130**

　　㈠深呼吸‥‥‥‥‥‥‥‥‥‥‥‥‥ **130**

　　㈡反覆全身肌肉的緊張與放鬆‥‥‥‥ **130**

　　㈢手足溫暖法‥‥‥‥‥‥‥‥‥‥‥ **132**

　　㈣讓額頭清涼‥‥‥‥‥‥‥‥‥‥‥ **135**

三、心理的放鬆法‥‥‥‥‥‥‥‥‥‥‥ **136**

(一)將意識集中於達成目標·················· 137

(二)專注精神於發揮實力，以完成最佳比賽··· 137

(三)盡全力聽天命，從事快樂的比賽········· 137

四、設法在比賽時放鬆身心······················ 138

(一)身體放鬆法···································· 138

(二)精神放鬆法···································· 139

肆、專注力的訓練法···················· 139

一、專注力的意義······························· 139

(一)站在情報處理的立場···················· 139

(二)站在社會心理學的立場·················· 140

(三)站在生理心理學的立場·················· 141

(四)專注力的定義···························· 142

二、擾亂專注力的要因·························· 143

(一)本身的心理狀態會擾亂專注力（內因）····· 143

(二)周圍環境會擾亂專注力（外因）··········· 143

(三)因應環境的本人心理會擾亂專注力（外、

內因）·································· 143

三、專注力的訓練······························ 143

(一)加強專注力的基本練習·················· 144

(二)專注力不受擾亂的練習·················· 145

(三)保持專注力的練習······················ 146

(四)提升比賽中專注力的練習················ 147

四、採用意像方式的課題訓練················· 149

㈠意像的意義…………………………………… **149**

㈡意像的基本練習……………………………… **151**

㈢個人的戰術意像……………………………… **153**

㈣團體的戰術意像……………………………… **154**

㈤競賽性心理能力的意像訓練………………… **156**

五、將意像訓練利用於練習與比賽…………… **158**

㈠利用於練習時………………………………… **158**

㈡心智性的動作練習…………………………… **161**

㈢賽前的心理準備……………………………… **163**

六、上場比賽…………………………………… **164**

㈠比賽直前……………………………………… **164**

㈡比賽中………………………………………… **164**

㈢賽　後………………………………………… **164**

㈣賽前或賽中的心情調適……………………… **165**

七、賽後的檢討………………………………… **168**

㈠對目標的檢討………………………………… **169**

㈡檢討賽中的心理狀態………………………… **169**

㈢實力發揮的程度評量………………………… **169**

㈣勤記訓練及比賽日誌………………………… **170**

八、怯場的預防與消除法……………………… **170**

㈠怯場的意義…………………………………… **170**

㈡怯場的徵象…………………………………… **172**

㈢怯場的原因…………………………………… **172**

㈣怯場的預防對策……………………………… **174**

九、採用自律訓練法，以克服怯場‥‥‥‥‥‥‥‥ **178**

　(一)重感練習‥‥‥‥‥‥‥‥‥‥‥‥‥‥‥‥‥ **180**

　(二)溫感練習‥‥‥‥‥‥‥‥‥‥‥‥‥‥‥‥‥ **183**

　(三)重、溫感的同時練習‥‥‥‥‥‥‥‥‥‥‥ **187**

　(四)增進練習效果的訣竅‥‥‥‥‥‥‥‥‥‥‥ **187**

　(五)應用自律訓練法於怯場的預防‥‥‥‥‥‥‥ **189**

第八章　意象訓練法 ‥‥‥‥‥ 191

壹、意像訓練的意義及其目的 ‥‥‥‥‥ 191

一、意像訓練的意義‥‥‥‥‥‥‥‥‥‥‥‥‥‥ **191**

二、意像訓練的目的‥‥‥‥‥‥‥‥‥‥‥‥‥‥ **192**

　(一)爲獲得新技術或動作模式‥‥‥‥‥‥‥‥‥ **192**

　(二)爲矯正，改善正確姿勢‥‥‥‥‥‥‥‥‥‥ **192**

　(三)爲做好整個動作前所做的試演能獲得成功‥‥ **192**

　(四)爲加強、改善心理機能‥‥‥‥‥‥‥‥‥‥ **193**

　(五)爲引起動機‥‥‥‥‥‥‥‥‥‥‥‥‥‥‥ **193**

貳、意像訓練的一般須知 ‥‥‥‥‥‥‥ 193

參、利用卡（錄音）帶的意像訓練 ‥‥‥‥ 195

肆、更具發展性的意像訓練法 ‥‥‥‥ 196

伍、意像訓練的效果 ‥‥‥‥‥‥‥ 197

第九章　心智訓練的具體示例………199

壹、日本大阪大商學園高中棒球隊　選手的心智訓練實例……………199

一、前　言……………………………………… 199

　㈠放鬆法…………………………………… 200

　㈡意像法…………………………………… 200

二、心智訓練的實際……………………………… 201

三、結　語………………………………………… 207

貳、各項競技運動的心智訓練 ………… 208

一、運動技能的學（練）習與心智訓練……………208

二、各項競技運動的心智訓練……………………211

　㈠排球的心智訓練………………………… 211

　㈡棒球的心智訓練………………………… 213

　㈢網球的心智訓練………………………… 215

參、為獲勝的意像訓練法…………………… 220

一、樹立自信心的意像訓練法………………… 221

二、將失敗轉變為成功的意像訓練法…………… 224

三、善用緊張的意像訓練法…………………… 226

四、維持注意力的意像訓練法………………… 229

五、準備向新挑戰的意像訓練法……………… 234

第十章　結　語 **237**

參考文獻 **241**

第一章 緒 論

　　自從人類脫離原始生活及游牧生活，進入農耕時代以後，逐漸有閒暇時間從事謀生以外的各種身心活動。今天所稱的競技運動的起源便是其中之一。遠在古埃及或希臘時期，爲休閒或祭神而從事競技運動便是例證。

　　人是具有活動能力的生命體，是以身體活（運）動的方式表達個人或團體的想法或意願。這種事實可由古今的政治、軍事、教育等傑出人物的言行獲得證實。屬於高等動物靈長類的人，需不斷的活動其身心以促進生長發育與機能，充實謀生所必需的知識與技能，甚至與他人互動以求共存共榮目標的達成。只要是身心正常的人，自幼深藏自我及自他競爭的心理，會不斷的想，超越自我或他人，而實現自我。站在這種立場來說，競技運動對人生確具有正面的意義與價值。

　　正式的競技運動，起自於西元前776年之古代奧林匹克運動會，其主要目的雖爲祭神與和平，但是以公平競爭超越自我與他人也是目的之一。現代的奧林匹克運動會，雖非一種祭祀性活動，但仍然具備在公平原則下競爭個人、團體的體能、技術、心智能力，以決成績高低或勝負的性質。因此，世界各國爲提升競技運動水準，不斷的開發運動科學理論與訓練技術，運用動身、動腦、人際間互動的三原理，不斷的訓練各項運動選手以提升其成績，以便與他國選手一較長短。

　　眾人皆知，想在競技運動發揮優異技能創造最高成績，打敗對手必須具備理想的體型（體格）、強健的體能、聰慧的心智能力、高超的運動技術與密切的人際合作，豐富的經驗。在已往培訓選手的重點似放在體能與技術，而甚少注意心智能力的訓練與團體合作的培養。因此發生不少具有天賦的運動選手無法在參加運動競賽時，發揮個人或團體的綜合能力以克敵致勝。

　　自1970年前後，先由蘇聯開始重視運動選手的心智訓練，並且在國際運動競賽中發揮競賽威力後，歐洲自由國家與美國亦相繼效法，全力開發心智訓練理論與方法，並實際運用於長期訓練上。結果在1984年、1988年、1992年、1996年的第廿三屆、廿四屆、廿五屆、廿六屆國際奧林匹克運動會發揮威力，打破不少世界記錄，創造優異成績。

　　近年來，我國政府極重視競技運動，並且透過全國體育運動總會及各單項運動協會不斷加強努力培訓優秀運動選手，以便參加國際性運動競賽為國爭光。為此，各單項運動協會正不斷的選擇具有天賦的運動員參加長期培訓，但是已往的培訓重點似乎放在運動技術與戰術運用上，甚少注意相關體能的訓練與心智訓練。至參加1988年第廿四屆漢城奧運及1990年第廿一屆北京亞運後，開始發現體能與心智訓練的重要性。因此，不少單項運動會屬下的國家級選手，接受長期培訓時已加入體能訓練，但仍無法充分實施心智訓練。也許擔任指導培訓選手之教練欠缺心智訓練的理論基礎與技法，所以無法如願以償。中華民國體育運動總會有鑑於此，透過競技運動強化委員及北

部訓練中心、左營訓練中心運動科學組心理輔導人員協助各項運動培訓選手之心智訓練，但其效果相當有限。如想將心智訓練納入長期培訓，甚至運用於競賽上，必須加強教練本身的心智訓練理論與技能，始能收效。筆者有鑑於此，才決定依據過去所研究的心得與所搜集的相關文獻、研究資料，撰寫本書以供我國各項競技運動教練在指導時之參考。

第二章　競賽運動獲勝的條件

壹、競技運動的本質、種類與特性

一、本　質

　　所謂競技運動（Athletics　Sports）是起源於古代希臘的祭祀性競技運動。它具有獻身（Dedication）、犧牲（Sacrific）、強烈（Intensity）的精神特徵，其本質是競爭性活動，是以爭取勝利為目的的，在訓練過程與比賽時包含苦與樂兩種性質。❶

二、種　類

　　以現有的競技運動種類來說，可說相當多。如以競賽方式、場地、設備或所使用的器材來區分時，可區分為體操、田徑、游泳、籃球、排球、足球、棒（壘）球、手球、羽球、桌球、網球、曲棍球、橄欖球、高爾夫球、保齡球、柔道、摔角、拳擊、擊劍、跆拳道、射箭、射擊、划船等；如以比賽時之運動人數區分，可分為個人運動、雙人運動及團體運動。茲

---

❶　James K. Keeting（Depaul uniuerscty）Sportsmanship as a
　　moral Category Ethies. Oct. 1964, p25～35.

依後者的區分法分述各種（項）運動的心理特性如下：❷

三、心理特性

運動（Sports）可依其目的區分爲教育性運動、休閒娛樂性運動、競技運動、職業運動、復健運動。其中競技運動具有共同的一般心理特性，這些特性包括競爭性、公開性、合作性與非言語傳達性。運動（Sports）是由遊戲（plays）發展出來的活動，但是遊戲不一定具備競爭性，但是競技運動卻具有直、間接的競爭性質。競技運動並非以競爭勝負爲唯一目的，也可以享受競爭過程的樂趣。同時這些享受不僅在活動上，而是在比賽技術、競爭記錄、或求勝負的樂趣。競技運動的競爭對象不僅是對方的個人或團體，有時也是本身的過去最高記錄。競技運動爲求突破自己、擊敗對方必須不斷努力提高自己或所屬團體的能力，因此在訓練或比賽過程中包含不少自我修養的機會，這是競技運動的一般心理特性之一。

第二特性是公開性，任何一項競技運動競賽莫不在公衆前，在一定場地、設備、使用規定器材與裁判執行規則下進行公開的競賽。因此，任何人均可在運動競賽上了解運動選手的表現，享受現實運動競賽的樂趣。運動選手的技術優異，團體合作無間，在賽場上的表現出人頭地時，常常能獲得觀賞的讚賞與肯定。如表現不佳會遭受觀衆的唾棄。由此可知競技運動

---

❷ 吳萬福 運動比賽的心理 台灣學生書局 民國64年3月

確可在競賽場上客觀的認識自我、評量自我，對自我的精進有莫大助益。

　　第三特性是合作性。各種（項）運動多以團體方式從事訓練或競賽，屬於個人運動的田徑、游泳、體操、高爾夫球、保齡球、射擊、射箭、滑雪、溜冰亦不例外，在平時訓練時均同屬一個團體，練習過程中需互助切磋勉勵，至於雙人或團體運動即更不用說。各種競技運動爲達成目標，各團體的領隊、教練、管理、隊長、隊員等必須各盡職責、互助合作。爲此有時需要克制自己、各守崗位、盡其責任。運動的合作可包含達成獲勝目標的精神性合作與技術性合作。在運動競賽中每位選手不僅需要洞察對隊選手的企圖與動作的意義，也需要了解同隊隊友的企圖與動作意義，以決定自己在團體中的任務與行爲方法，這種場面的合作行爲稱技術性合作行爲。除技術性合作以外，經長久時間的訓賽所培養出來的濃厚夥伴感情與日常生活中相互勉勵、切磋、互助合作的行爲稱精神性合作。曾在1964年第十八屆東京奧運會榮獲女子排球冠軍的日本東洋魔女隊的全體隊員在現役時期與退休後仍互相支援合作的表現便是典型的例子。

　　第四特性是非言語的傳達性。一般人在接觸時多以言語爲媒介，但在競技運動中卻不一定完全透過言語或文字，可用肢體動作來達到傳達意思的目的。原因是，運動競賽具有一定規則，加上人的肢體具有表現能力。眾人皆知，人的情緒可透過身體表現，而通常可從顏臉或肢體動作瞭解人的喜、怒、哀、樂的情形。競技運動具有一定類型的行爲模式，因此可由身體

動作了解對方的意圖。摔角、拳擊、跆拳道、相撲、擊劍等雙人運動中的對戰選手，往往可由對手的表現或肢體動作了解其攻守、自信、怯場等心理或進攻、退守的企圖便是最好的例證。

以上介紹競技運動的一般心理特性，也可以說是共同的特性。以下擬分個人、雙人、團體等運動分述其特性：

(一)個人性運動：

個人性運動包括田徑、體操、游泳、滑雪、溜冰、射擊、射箭、舉重、高爾夫球、保齡球等。這些運動如不計技能的高低，可包括任何人均會與不會的項目。田徑、舉重等運動屬於前者，體操、游泳、滑雪、溜冰等屬於後者。後者在參加比賽前，必須經過「會」的階段，在「學會」的過程中體驗成功、失敗、滿足、灰心等感覺。上述兩者對提升記錄，與他人競爭的過程具有共同性質，但在本質上卻有顯著差異。基於這種理由，個人性運動又可分為下列三類：

(1)克服物理性障礙的項目：

包括田徑運動的跳高、撐竿跳高、跨欄；體操運動的單槓、雙槓、高低槓、吊環、跳馬、鞍馬、平衡木；游泳的各種項目與高、中、低跳水等需要克服物理性高度或抵抗的項目。運動員為學會這些運動，必須能在空間控制身體，調整速度。換言之，為克服物理性障礙，必須具備果斷，克服恐懼或猶豫不決的心理。勇敢大膽的運用已學會的技能，可克服心理性障礙。換言之，大膽心細的程度可反映運動技術的高低。因此，

指導初學者的要領在於袪除對水或高度等障礙的恐懼心，如此才能進一步使初學者學會身體在空中的支配技能。

(2)需要最大瞬發力的項目：

包括舉重、推鉛球、鏈球、短距離跑、滑雪、溜冰等。這些項目雖然競賽時間極短，但是需要高度的專注力與瞬發力。由於短時間須完成一連串的運動，在心理上會產生強烈的連續性興奮。因此在興奮過程中，是否能夠迅速變換緊張與放鬆，是與充沛的體能具有同等重要性。

(3)需要耐久性活動的項目：

包括長距離跑、馬拉松、長距離滑雪、長距離溜冰、自由車公路賽等。不用說，人體內的呼吸循環機能對耐力的影響至大。

當一個人從事相當負荷的長時間運動時會產生疲勞，同時心理上會發生「禁止反應」（不想再繼續運動的心理）的心理傾向。為此，從事上述各項耐久性運動者，必須能克服因疲勞、身體各部不適的感覺、呼吸困難、肌肉疼痛等痛苦，並能處理因從事運動所產生的感情，才能達成既定的目標。

㈡雙人性運動：

雙人性運動包括拳擊、柔道、摔角、跆拳道、擊劍、角力、單打的球類運動。這些運動，均以一對一的方式發揮鬥腦、鬥力、鬥技以爭取勝利。因此站在心理學的立場而言，必須具備敏銳的觀察、推理、臨機應變、敏捷反應的能力，才能克敵致勝。

雙人性運動所需要的技術是因應對手動作的技術，是非有對方不能成立的技術。換言之，根據對方的動作變化或引起對方發生動作變化而加以攻守的技術；這些運動，因比賽場所的大小、寬窄、時間的不同，其心理亦有異。有的比賽時間極短，動作屬於反射性，但有的比賽時間較長可以設法推理對方的企圖，攪亂對方的鬥志或情緒。不論如何，雙人性運動具有一種不斷攻守，虛虛實實的策略，因此心理的不安度甚高。原因是運動選手在比賽時因不明瞭對方的實力與戰術，加上對本身實力的懷疑，產生一種高度不安，使判斷力減弱，無法做適當分析與決定。如何克服這些心理障礙或問題便是教練與運動員平時應注意與研究的問題。

(三)**團體運動**：

團體運動包括籃球、排球、足球、棒（壘）球、橄欖球、手球、曲棍球等運動。這些項目又可分為攻籃（門）型、隔網擊球型、擊球跑壘型等運動。但是不論屬於何種項目，均須判斷與球或人際間的距離、方向、移動速度、強弱、時間等，視情況的變化隨時改變因應的動作。換句話說，球類運動的技術是由①控球②球員合作③對敵動作等融合形成。同時構成整隊的每一個隊員的成敗，可能會影響整隊的演出。所以每一隊員多少均會懷有不安的心理。惟在各項球類運動中，因比賽方法或規則不同，對控球、隊員動作或對敵動作等重點有異，其行為模式也不同。例如棒球或美式橄欖球等需要交替輪流攻守的項目，比賽策略佔極重要的因素，與下象棋、圍棋有共同的心

理基礎。但是籃球、排球、手球、足球等多需要根據當時比賽的情況判斷敵我攻守動作，以隨時改變或修正本身的攻守動作，與棒球等受教練約束或指示，以決定擊球、投球、防守等的性質不同。

貳、競技運動獲勝的條件

本身曾為日本排球國手並且對培訓日本女子排球隊有功的前日本排球協會常務理事的前田豐說，不論男女排球隊，要在國內外比賽克敵致勝、榮獲冠軍，該排球隊選手必須具備下列條件；也就是優異的體格、超人的體能、高超的運動技術、有效的攻守策略或戰術、豐富的比賽經驗、旺盛的精神能力、好運等。實際上環顧各種競技運動，如運動選手未具備適合該項運動的理想體格（體型）、體能、運動技術（基本與應用）、戰術、經驗、聰慧、堅強的精神能力、良好的人際關係（合作行為），實無法克敵致勝或在重要競賽中有良好表現。為此擬站在競技運動的立場敘述獲勝條件如下：

想在競技運動場上發揮個人或團體的力量擊敗眾多對手，榮登冠軍寶座，不是一件容易的事。若想達成獲勝目標，運動員須了解獲勝的基本及相關條件。

一、基本條件：

可說是運動員本身的條件。這些條件包括身體、精神與技術三方面。

(一)身體的條件：

　　雖然有運動項目別的差異，但是各種（項目）運動均有最
適合、最理想的體格、體型、體能。以田徑運動的短跑選手為
例，所須體型是中等或中上身高，富彈性肌肉的結實型體格，
尤其擁有能發揮瞬間最大肌力的肌肉與全身協調性與靈敏的反
應能力；再以跳高選手為例，如能具備富瞬發力下肢的高大身
材，加上優異的全身協調性與柔軟性時對跳高運動極有利。再
以推鉛球選手來說，最好是具有身高體重的先決條件，加上強
大的肌力、瞬發力、敏捷性、協調性等基本體能，如是可以發
揮生理學、力學、解剖學上等利點創優異成績。同樣的長距離
選手的理想體格（體型）是瘦長、體輕、具備優異的心肺功能，其
攝氧量、換氣率優於一般人，換言之，具有理想的耐力與相當
速度為優先。籃球或排球等運動選手，需有相當的身高及優異
的速度、協調性、肌力、耐力，始能在一定時間內發揮攻守威
力。以籃球賽的籃框高度為例，其高度為10呎（3.04m），
為提高中籃率，選手們的身高、彈力、肌力、協調性佔極重要
的因素。實際上可由美國的職業籃球賽看出，各職業籃球選手
的身高多半在2M以上，因此比賽過程中可常灌籃或蓋火鍋等動
作。排球運動亦如此，以男子六人制排球為例，必須隔著高度
2M43的球網攻守，因此選手的身高、瞬發力、協調性、速度是
如何的重要。再以體操運動為例，選手的體格或體型與其他各
種球類運動、田徑運動、游泳運動、技擊類運動不相同。因體
操運動的項目包括地板、跳馬、鞍馬、吊環、單槓、雙槓（高

低槓）、平衡木等，均須要高度的技巧性、協調性、平衡性、肌力性的運動，爲此，所需體格（體型），較其他各種運動選手而言，身高矮小、體型成逆三角形，須具相當的肌力、柔軟性、協調性與敏捷性。

由上所述，可以了解因各種（項目）運動的不同，所需具備的身體條件不一定相同。而所謂身體條件是包括身高、體重、胸圍、四肢長等體格或體型，敏捷性、肌力、瞬發力、耐力、柔軟性、協調性等基本體能，甚至還包括神經功能、呼吸循環、消化吸收、新陳代謝等內臟各器官的功能。

㈡精神的條件：

在外形上，競技運動是身體運動之一；但是該身體運動卻受運動員的意志、情緒、智力所支配。運動是人的行爲之一，而任何行爲均可分爲自動與被動的行爲。這些行爲除不可抗力的物理性運動外，均有其動機與目標。爲達成行爲目標，人們會運用智慧思考（分析）去判斷處境並做出有效因應行爲。各種競賽運動也不例外，選手個人或團體，在練習或比賽時，爲了提升練習或比賽效果，會不斷的留意本身的動作並觀察對方的企圖或行爲，以堅強的意志貫徹比賽的行爲。一萬公尺或馬拉松選手在參加比賽時，必須不斷的考慮本身的身體、體能狀況，同時注意競爭對象的實力與路況，以便決定配速或必要時加快速度超越對手。籃球選手在比賽場上控球時，必須觀察對隊球員的防守隊形步伐，本隊選手的移動，配合情況，以決定傳球、運球、投籃等下一個動作。拳擊選手在比賽時必須不斷

注視對手的攻守動作，以為本身攻守依據等，都是證明一位運動選手如沒有具備聰慧的頭腦、穩定的情緒、堅強的意志、高昂的士氣時，無法克敵致勝的事實。

㈢技術的條件：

運動技術可包括基本技術與應用技術兩大類。紮實的基本技術可使應用技術發揮無上威力。以籃球或排球運動為例，屬前者的傳球、接球、運球、投籃便是基本技術，後者的高低手傳球、托球、扣球、攔網、發球是基本技術。有紮實的基本技術後才能在比賽場上發揮快攻、慢攻、虛攻、人盯人、區域防守、交叉進攻投籃等應用技術，不斷的得分。

二、相關條件：

要在競技運動上取勝，除了選手本身須具備上述基本條件外，還得注意下列相關條件。

㈠場地、設備與器材：

任何一項競技運動必有規定的場地、設備與使用的器材。例如體操競賽的地板運動、單槓、雙槓、平衡木、跳馬、鞍馬、高低槓等均有一定規格的場地、設備與器材。這些場地裡的光線、質量立即會影響選手們的動作表現或比賽成績。田徑賽裡的跑道有煤渣跑道、紅磚跑道、人工塑膠跑道等，這些跑道的硬軟度，立即會影響選手們的賽跑成績。網球賽所使用的

「球」性，更是會影響比賽技術的發揮。由上述可知，各級賽會所使用的競賽場地、設備與器材會影響運動選手的技術或成績。

㈡觀　衆：

只要是正式的運動競賽均少不了觀衆。運動場上的觀衆可分爲兩種，一種是沒有特定對象，只是愛好運動比賽的觀衆；另一種是具有特定的欣賞對象並且對該項運動的技術、規則有相當了解的觀衆。運動選手在比賽時，受衆多觀衆圍觀時會產生一種心理壓力。觀衆的熱情、注視力、聲援的言行，會直接刺激運動選手的平常心，使選手內心產生異常興奮、不安、恐懼等心理狀態。通常所稱的運動迷便是具有注意極（對象）的觀衆，觀看比賽時會將自己投入在所欣賞或佩服的運動選手身上。因此，運動選手在賽場上的一舉一動，會成爲該觀衆的注意目標。該運動選手如投籃成功、觀衆會感覺如同自己的成功一樣。換言之，具有注意目標的運動迷會產生認同的心理感受。吾人可從媒體的報導或實際參觀比賽中，瘋狂的觀衆給與運動員極大影響的事實。換言之，觀衆的言行或態度會直接影響運動選手在賽場的表現。

㈢教　練：

運動選手在平時訓練或參加比賽時，擔任指導工作的教練對選手在比賽時之影響極大。如果選手與教練之間擁有高度信賴感時，臨場比賽時教練的一句話往往會給選手莫大鼓勵，創

造優異成績。相反的教練對選手無信心或給予責備、輕視時，選手在賽場上可能無法充分發揮實力，締造良好成績。運動教練的任務是發掘具有天賦的選手，擬訂短、中、長程訓練目標，平時指導選手從事心、技、體等合理訓練，參加比賽時搜集相關情報、提升選手士氣，發揮平時所練實力以克敵致勝為任務。因此，運動教練本身必須不斷的自我進修，充實相關運動科學的理論與訓練技術、比賽因應法，同時也要不斷的修心養性，提升選手的信賴感，如是才能臨賽時給予選手信心與正確指示。

(四)裁判員：

在比賽場上依據規則執行判定工作，使比賽順利進行者稱謂裁判員。不論何種運動競賽的裁判員可分為若干種；一是不苟言笑、面容嚴肅、使人生畏者，二是雖然嚴格執行規則，但面帶笑容和氣執行者，三是雖依法執行裁判任務，但執行時易露感情，使人感覺好惡分明或容易偏袒者，四是執法馬虎不公者。運動選手在比賽場上所遇到的裁判員，如屬大公無私，執法態度嚴而不苛，和而不鬆時，會有一種心服口服之感而安心比賽。如遇到容易激動、失去理智，甚至偏袒某一方的裁判員時，一定會產生心理不平衡而影響演出成績。

(五)氣　象：

在室外比賽時，場地上的氣溫、濕度、風向、風速、光線的明暗等均會影響運動選手的表現或成績。田徑賽短距離跑比

賽時的順風與逆風，撐竿跳高時的逆風、斜風、側風，標槍的逆風，高爾夫球或網球賽的風向、風速等會立即影響選手的技術與成績。高溫多濕的氣象對長距離比賽或馬拉松賽不利是衆人皆知的事實。由上述可知，氣象也是影響獲勝條件之一。

㈥運　氣：

　　任何一位運動選手在比賽前定會全力調整身心條件，以便以最佳的狀態臨場比賽。上場比賽時雖充滿信心，並發揮最高智慧與技能與對手競爭，但是有時對手發揮超出想像的優異技術而不幸遭到挫敗。有時參加跳遠比賽時，不知何故在助跑時剛遇到順風並且以最佳的步點起跳，將重心提至最高點，經合理的空中姿勢與著地技術完成快心的一跳，結果創造驚人的紀錄。排球賽時遇到強有力的對隊，比賽開始後我隊處於挨打局面，但是對隊主力攻擊球員連續兩次被我隊攔網成功後，扣球威力盡失，屢攻不進而違規自滅，使我隊反敗爲勝。由上述各種事實可以證明運氣也是獲勝條件之一。

第三章　教練的任務

壹、教練的意義與功能

　　教練是發掘具有天賦的運動員，擬定目標，依訓練計劃指導運動選手從事合理的心、技、體訓練，以便參加比賽時克敵致勝或創造最佳運動成績的人。換言之，教練應具備：

　　1.擬訂訓練計劃，實施合理訓練，提升選手心、技、體能力，加強團體合作，保持最佳身心狀態參加比賽，以創造優異成績。

　　2.管理並合理指導選手，提高其士氣與向心力，增進隊友間的人際關係。

　　3.是判斷選手的身心狀況，練習的環境，敵我有關消息，以利訓練與比賽等三種功能[3]。

貳、教練應具備的能力[4]

　　為充分發揮教練的功能，教練本身應經過相當時間的努力學習，以便具備下列能力。

---

[3]　松田岩男　現代スポーツ心理學p20〜21　ベースボールマガジン社 1996年7月

[4]　吳萬福　運動教練的心理p4〜8　中華民國體育運動總會　民國　79年5月

一、能徹底瞭解運動選手的天賦能力與未來的發展可能極限：

伯樂識千里馬，慧眼識英雄等諺語，可代表優秀教練應具備的能力。一位教練如想要培養優秀選手，首先須發掘具有優異天賦的選手。發掘具有優異天賦運動能力的方法甚多，有體能測驗、體格測量、健康（醫學）檢查、運動能力及運動技術測驗、觀看運動會的表現等。不過身爲教練者，須研究各該項運動的特性、結構，然後分析該項運動需要何種體格、體型、體能、運動能力、運動技術、心智能力，才是適合的選手。以田徑運動的跨高欄選手爲例，須注意選手須具備有相當程度的身高，尤其下肢比例要大（小腿長、大腿短、整個下肢與軀幹比例要大）。除外還得有速度（敏捷性）、全身協調性、柔軟性與高度專注力、韻律感與堅強意志等心智能力。

二、能把握運動選手對該項運動的心理適應性：

優秀選手具有優於常人的體格、體能、運動能力及運動技術。但是其心智能力（精神能力）卻與常人相同。爲了加強體能提升運動技術或成績，必須不斷的從事長期的合理有計劃的訓練，參加比賽時能適應比賽場面，以創造優異成績、克敵致勝。身爲教練者要了解，只有能充分把握運動選手的心理，並且提升其訓賽意願，運用智慧及堅強意志從事有效訓賽時，才能提升適應能力。例如以觀察或記錄法不斷累積運動選手平時

是否主動積極的練習，有無時常搜集有關資料改進練習方法，其士氣與意願如何？參加比賽時，是否常會怯場，能不能和隊員和諧相處，互助合作等。如果發現問題時，教練應能及時開導或解開心結，使運動選手恢復自信心。

三、能訂定並鼓勵運動選手實踐既定的訓練計劃：

有豐富經驗的優秀教練，在指導選手從事訓練或比賽前，一定會事先指導選手擬定合理的訓練計劃。這些計劃會針對選手本身的能力、意願、比賽目標而擬定短、中、長程計劃。聰慧的教練在擬訂訓賽計劃時會指導運動選手參加執筆，以便選手產生受重視與參與感。當擬訂訓賽計劃時應注意訂定目標（最好以參加比賽為依據），然後考慮選手的體能、技術、經驗、心智能力的個別差異擬定有系統的「質量並重」或「重質不重量」「重量不重質」的各期訓練計劃。例如以資深選手為例，為提升參加下一季比賽的得分率，依據本季比賽時所發現的缺失，以改進技術缺點、補強專項體能為重點，擬定訓練計劃；再以新進選手為例，為將來能成大器，以充實基本體能、技術與堅強的意志為目標，擬定訓練計劃。

確定目標後，須進一步計算達成目標的時間，以便擬定練習內容、強度、準備比賽等。一般來說，訓練計劃可分為四期，一是本季比賽結束後的過渡期，二是鍛鍊期，三是調整期，四是比賽期。過渡期的重點在於適度放鬆身心，使前季比賽時的身心疲勞得以完全消除。鍛鍊期的重點是根據上季比賽

所發現的體能、技術、心智能力的缺點，全面加強基本體能、基本技術與心智能力的時期，其訓練內容，不僅重質還要重量。但是，鍛鍊期的後半期訓練重點，應放在專項體能與專項應用技術與戰術的磨鍊上，是重質而不重量。調整期是為接著而來的比賽期開始減輕訓練的「質與量」，並且將身心機能逐漸調整至接近最佳狀態的時期，本期的訓練重點在模擬比賽，充分運用心智機能的戰術運用，隊員間的密切配合等。比賽期是以最佳心、技、體的狀態發揮個人或團體能力的時期，其重點在於保持高昂的士氣，靈敏聰慧的頭腦，臨賽能發揮最高能力為目標。因此訓練的「質」雖高，但「量」極少，尤其應注意健康安全的管理。

教練除擬訂訓練計劃，依計劃指導選手從事訓練外，還得定期評量訓練計劃是否得當。因此，應鼓勵選手撰寫訓練得失的日誌、檢驗疲勞程度等。如果由選手的日誌、檢驗及成績測驗結果發現有進步時，可知訓練計劃屬合理，如有相反結果應及時修正並調整訓練內容與方法。所以擬訂訓練計劃時最好是教練與選手共擬為宜。

四、要具有提升運動選手的訓練與比賽等意願的能力：

教練負有指導運動選手提高運動技術水準、創造優秀成績、克敵致勝的任務。為此，教練應具有提升運動選手的訓賽意願與動機。教練在指導運動選手從事訓練時，切勿一廂情願採用由上而下，不考慮運動選手本身的意願或想法。對運動選

手實施不甘願的強制或劇烈訓練（Hard　training）不一定能收效，有時會適得其反。如果想使運動選手接受劇烈訓練，應注意兩件事情：一是運動選手對該項運動具有強烈的企圖心，能否自訂目標，積極向上的強烈意願；二是教練的人品，指導理論與技術是否獲得運動選手的肯定。如能具備上述兩個條件，運動選手較易接受劇烈訓練。

　　教練並非依據個人的觀察與判斷就可以訓練好運動選手，必須充分了解運動選手的素質、身心狀況，以合理方法引導運動選手的意願，使其發揮專長，改進缺點始能收到訓練效果，最好的方法是教練與運動選手之間能充分溝通，建立密切的人際關係，同時使運動選手完全了解教練的心願或企圖。除外，教練應能善用獎賞、肯定、競爭、給予成功經驗等外因條件，以加強運動選手參加訓、賽的意願。

五、要有採用因材施教的方法，指導運動選手的能力：

　　每位選手的體格（體型）、體能、運動技術、心智能力、人際關係或社會行為均有個別差異。曾獲1928年第九屆阿姆斯特丹奧林匹克運動會三級跳遠冠軍（15m21）的日本著名田徑選手織田幹雄說「沒有一種訓練法對任何人均適合而有效的，雖然教練所採用的是科學訓練法，但是要使運動選手做到機械式正確性是不可能的」。這一句話的意思是說，人非機器，是有個別差異，訓練時應特別注意，採用因材施教的方法始能收效。

　　由上述理由，可知一位優秀教練，不僅須具備運動科學的理論與方法，還得充分了解每位運動選手的個別差異才行。教練在運動訓練或比賽時，切勿僅以本身過去的經驗來做指導依據，應多觀察並記錄優秀選手的比賽技術、戰術，仔細分析其得失，以確定正確合理的訓練法。在過去，偶然可發現，自認資深或一流教練，對優秀選手做臨場指導的現象。這些名教練的動機也許是好意，但是對該運動選手的天賦、身心狀況、技能特點的了解不一定透徹，因此所提出的指導要點，不一定切合實際，甚至使運動選手內心產生疑惑，不知聽從原來的教練或臨時指點的名教練的指示，結果反而影響演出的成績。不論如何，教練宜具備敏銳的觀察、推理、分析等能力，對每一位運動選手均能迅速指示其優缺點，使其發揮優點，改正缺點，如是才能稱謂具有因材施教能力的好教練。

六、不斷研究改進組訓運動團隊的能力：

　　不論對個人、雙人或團體運動來說，除指導運動選手的個人運動技術與體能外，還得用心促使同隊運動選手能從心底互助合作，提升士氣，製造高度和諧的團體氣氛。以球隊為例，如想發揮球隊機能，每位球員必須能發揮最高能力，同時將各球員的能力予以綜合成為巨大身心能力才行。想要達到此目的，須事先消除球員間的感情摩擦，以改善人際關係，進而樹立球隊共同的具體目標，提升全體球員的向心力，始能如願以償。

　　率領團隊的教練，必須不斷的注意並了解各球員比賽的心

態與技術特性。同時所屬每位球員在比賽場上能前呼後應，隨心所欲的自動配合攻守，才能發揮團隊的力量。這種團隊的綜合力量，有時會超出優秀球員的整體力量。實際上，由許多臨時選拔所成的明星球隊，賽不過默默無名但是全體選手合作無間的球隊的事實。由此可證明團隊合作的重要性。

七、具有勤於搜集相關情報，對比賽多做　準備工作的能力：

　　教練的工作目標既為指導運動選手平時從事合理訓練，參加比賽時創造優秀成績，克敵致勝。為此，教練須不斷研究改進運動選手在參加比賽前調整萬全身心狀況的方法，使運動選手在最佳身心狀況下參加比賽。換言之，教練應指示運動選手依既定計劃訓練，在不過份疲勞下從事合理訓練，使得參加比賽時能以最佳身心狀況全力以赴。有時部份運動選手臨場會產生心生畏懼、無法發揮正常實力。為此教練應依個別差異，在平時採用消除怯場的對策，以樹立運動選手的信心。球隊參加比賽時，教練對球賽的態度、觀念、進行的方法均會影響比賽成績。在平時或賽前多搜集有關情報（各球隊的教練才能、球員的體格、體能、技術、常用的戰術、團隊士氣、人際關係等），並且分析其優缺點，擬訂克敵致勝的方法也是教練不可缺的工作。教練在臨場比賽時必須冷靜穩重，切不可因球員的表現而一喜一憂，甚至興奮過度、言行失常。尤其需要調兵遣將時，更需冷靜思考與判斷後立即實施。比賽後，該運動選手

的興奮度降低時應立即進行賽後檢討。檢討內容應包括，個人技術、團隊合作、攻守戰術或策略、比賽態度、身心狀況、對隊的優缺點等，以為未來訓練或比賽時改進的依據。

參、教練的修養

　　教練是人影響人的工作，其性質有些與教育相似。雖說「人影響人」，但其影響應該是正面而非負面的。如同教師要給學生正面影響（指導）時須接受教育專業訓練，事後仍須不斷進修以提升其一般及專業修養一樣，以培訓優秀運動選手為己任的教練亦須具備一般及專業修養，並且不斷的透過實務與經驗，改進教練的技法。本節擬站在這種立場敘述教練應具備的一般修養及專業修養以供參考。

一、一般修養：

　　亦可說是基本修養，其修養內容應包括：

　　1.具有競技運動的正確理念。

　　2.了解自己與選手。

　　3.充實選、訓、賽所需運動科學理論與方法。

　　4.高尚的品性與領導才能。

茲依順序撰述如下：

㈠具有競技運動的正確理念：

　　教練既是專心發掘具有天賦的運動選手，依據合理方法指

導選手以不斷提升其心、技、體等綜合能力，在參加比賽時能發揮最高實力，創造成績，克敵致勝爲己任的指導者，因此，事先對競技運動應有正確的理念才是。所謂競技運動（Athletics sports）是人體文化之一，起源於古希臘祭祀運動，其意義是經長時間訓練後，在競技場上，觀眾圍觀，裁判執法下從事公平競爭或競技的活動，其最高目的是發揮個人或團體的力量爭取最佳成績。因此競技運動具有獻身、犧牲，強烈的精神特徵外，還含有盡其所能、貫徹始終、併用身心與自我或他人公平競爭的本質。

㈡了解自己與運動選手：

　　任何人的身體、精神機能與社會行爲均有個別差異。教練與教師一樣，以教材爲媒介採用合理有系統的方法，指導學生學會各科內容，經消化吸收以後變成謀生或豐富生命的東西。但是教練的任務可能比教師更艱鉅，必須針對所指導的運動選手的身體、精神與運動技術，人際關係的優缺點，仔細予以指導才能使運動選手完全發揮個人或集體的綜合實力，克敵致勝。爲此，教練須先了解本身的能力，過去的運動生涯與成績，有關教練（指導）理論與技能的程度，本身的人格特質，品德言行等。同時應分下列三方面了解所指導的運動選手及比賽對象。

　　1.徹底了解所指導選手的身、心狀態與機能、技術水準、家庭背景（父母親對競技運動的看法，兄弟姊妹的支持情形等），交友、學業或工作狀況等。

2.了解競賽對象，這些對象應包括對隊教練的專業修養、品德、影響選手的程度，對隊運動選手的身、心、技的現狀與有關事項。

3.了解訓、賽環境，其內容應包括場地設備、器材、經費、社會觀念、政府政策、氣候、氣象等。

(三)選、訓、賽所需要的運動科學理論與方法：

要在現代競技運動場上與列強爭取榮譽並非易事。教練如未具備生物學、人體解剖學、運動生理學、運動生化學、生物力學、運動醫學（以上屬自然科學領域），運動哲學、運動史學、運動心理學（以上屬人文科學領域）與運動社會學、運動管理學、運動方法學、運動資訊學（以上屬社會科學領域）等運動科學理論或知識，並且依據各該理論所發展的合理方法，絕無法從事有效的指導工作。有了上述運動科學理論或知識基礎後，必須不斷的研究改進發掘運動選手、訓練選手、指導選手在比賽場上發揮專長、減少缺點、發揮最高能力，創造優異成績的指導技能（方法）。具體的來說，能透過觀察或客觀測驗，發掘具有天賦的運動選手，重視選手意願，使選手從事質量並重的訓練，不斷提升心、技、體能力水準，參賽時能採用合理的指導方法，使運動選手保持最佳身心狀態，臨場時能完全發揮最大實力等。

(四)高尚品德與領導才能：

運動教練應具備的品德與領導才能應包括下列各項：

1.品德：

待人處事以誠爲基礎，以禮待人，以信處事，對人或所指導的運動選手，應言出必行，有一言九鼎之力。除外，凡事應以身作則，爲選手楷模。

2.領導才能：

教練爲達成指導目標，應致力全體隊員的合作，以便發揮個人及團體的實力，爲此，教練須不斷提升下列能力：①依據內、外因各種條件，擬定個人及團體目標，並依計劃，使運動選手能實現目標。②具備對個人並能環顧全體隊員的冷靜頭腦。③能不時關懷每位選手的生活起居、交友、訓練及比賽事宜，尤其選手的心事。

3.發揮領導精神的原則：

包括：①要求教練自己與選手（他人）的一體感，②教練與選手間的充分溝通，力求對訓、賽的一致看法。

4.領袖性個性：

個性是天賦、精神性、社會性的。也是個人證明「自我」的感情性、意志性的特徵。其具體個性包括①平易近人②能言善道③能傾聽他人的想法④威而不嚴，和而不鬆⑤思維有條不紊、所言所行能服人。

5.自覺性的原則：

包括：①能立即下決心，具有達成目標的強烈熱情②堅強的意志③冷靜富理性的頭腦。

日本筑波大學前教授古縢高良曾多次來華講學，他在筑波大學擔任多年的「教練科學」的課程，對於該課程基礎的教練

哲學有獨到的見解。古滕高良教授認為運動教練應有具備下列素養：

1.教練要了解並修練指導人的原則

他舉我國唐太宗的名言為例，說「河水的清濁，決於水源」，意思是說一個國家的政治不明，是起於為政者之施政錯誤，在朝的文武百官如屬貪官污吏，基層社會的一般老百姓也會上行下效，以致天下大亂。所以身為領導人應潔身自愛，以身作則為眾人表率，其次是日本明治維新時期的元老西鄉隆盛與木戶孝允的例子，古滕說兩位元老在日本維新，捐棄私心，忠心謀國，其精神深受維新派志士的感動，終於完成劃時代的維新大業。

2.要有超人的前瞻性智慧

換言之，應有先見之明。十六世紀日本戰國時代出現了兩位著名的武將，也就是武田信玄與上杉謙信。武田信玄極富機智，對戰略、戰術甚有研究，為征服諸侯，輔佐天皇號令天下，不斷與鄰國戰爭。由於武田信玄的領土在現在長野縣，以地理條件來說四面環山，站在軍事觀點來說，易守難攻，加上武田信玄之機智過人對戰術頗有研究，因此與鄰國爭戰時攻無不克，戰無不勝。主要的理由是武田信玄具有高人一等的先見之明，能事先洞察敵人的動機、佈陣、攻守企圖，而常常故佈疑陣屢退強敵或擊敗對手。第二個例子是日本著名小說家司馬遼太郎所著「坂の上の雲」（坂上雲）❺所撰明治維新前後，

---

❺　司馬遼太郎　坡の上の雲　文藝春秋　1972年9月

明治中、末期的人與事。書中記述，明治初期的詩人正岡子規，在甲午戰爭、日俄戰爭爲日本陸海軍奮戰的秋山好古（陸軍上將，創日本騎兵）、秋山眞之（海軍中將、日俄戰爭時、聯合艦隊參謀長）、大山巖（陸軍元帥）、東鄕平八郎（日俄戰爭時之日本聯合艦隊總司令官）、木戶孝允（日本明治維新元老）等開國元勳或二次戰爭之功臣們的機智、果斷、先見之明等事實。運動教練指導運動選手訓練或比賽時似乎須要具備超人的前瞻性智慧，始能收致事半功倍之效。

3.建立信賴關係的智慧，換言之要能掌握人心。

我國三國時代的劉備三顧茅廬，禮請孔明爲軍師，爲恢復漢朝而共同努力。著名的桃源之盟，是劉備、關羽、張飛結拜之舉，之後再請孔明相助，彼此肝膽相照，爲國家絞盡腦汁，鞠躬盡瘁。這種推心相交，發揮團體合作（Team Work）始能完成大事之實例，可說不勝枚舉。由此可知教練應有建立信賴關係的智慧，掌握人心的技術。

4.能了解「運動選手才能」的智慧，亦可說是能活用人才：

日本戰國時代末期，曾繼承織田信長統治日本的豐臣秀吉，幼年出身平民，而亂世中臣於織田信長做下級武士，後來因其機智與忠君行爲被拔擢爲一城之主。有一次奉命西征之時，適逢明智光秀叛變，殺死君主織田信長而立即計策與敵方謀和，同時率軍返回京畿天目山爲主君織田信長報仇而將明智光秀消滅。後世稱明智光秀之「三日天下」便是這次的事變。豐臣秀吉替主君織田信長復仇後，趁破竹之勢，征服諸侯統一全國，之後由當時的日本天皇賜予「豐臣」之姓以褒揚其功

勞。豐臣秀吉自幼極為聰慧，凡事會經過深思熟慮後才訴之於行為，並且能徹底了解主君之意與部屬的才能，採取適才適用之策略完成大事。另外一位能知才善用的歷史人物是德川幕府第八代將軍德川吉宗。吉宗並非出自於德川嫡系的將軍，而是由御三家中之紀州藩主出任將軍。時值德川幕府時代之中期，適逢天下太平，不論政府或百姓之間均彌漫浮華奢侈之風氣，各級官吏與富商勾結謀財，使一般百姓的生活日形艱苦。吉宗發現事態嚴重立即著手政治改革以求中興。為此重用大岡越前守等忠臣，勵行圖治，恢復幕府的威信。由上述兩則故事可知身為領導者，了解選手才能的重要性。

5.能發揮領導才能的智慧，亦可說是事事以身作則的智慧：

古代希臘聖哲蘇格拉底，印度聖人佛教創始人釋迦；基督教主耶穌，我國儒教宗師孔子等聖人君子沒有一位不是事事以身作則、勸人行善。春秋戰國時之吳越相爭中的越王勾踐的故事就是具體的例證。為了復國身為一國之國王寧願臥薪嘗膽，記住曾被吳國擊敗之慘痛教訓，日以繼夜的艱苦奮鬥，最後全國軍民受其感召，奮而群起完成復國大業。由上述可知，運動教練在平時或比賽時，盡量能率先以身作則，領導全體運動選手從事訓練與比賽不可。

6.徹底遵守規則的智慧，也就是說，要了解教練與選手本身的責任與權限：

當豐臣秀吉奉織田信長遠征中國地區之高松城時，遭遇敵軍頑強的抵抗而久攻不下，最後採取部下建議以水攻方式水圍高松城。原預定死守高松城的軍民，受不了長久水圍而發生斷

糧，使得衆多軍民瀕於飢餓而死亡，目睹此慘狀的高松城主，只好犧牲自己的生命與豐臣秀吉講和，解救成千上萬的士兵與百姓。另一則故事是曾爲豐臣秀吉軍師的黑田如水的作爲。黑田如水的地位如同漢高祖劉邦的軍師張良。黑田如水站在軍師的立場，不論政治、軍事，只要對主君之豐臣秀吉有益，可說知無不言，言無不行。但是黑田如水深知個人的權限與進退，因此豐臣秀吉掌握天下之後仍能全身而退。

7. 要有評鑑業（成）績的智慧：

我國三國時代擔任蜀漢軍師的孔明，曾於蜀漢末期因軍律而揮淚斬馬謖。馬謖是蜀國大將，曾爲蜀國興亡而戰。有一次征戰雖非本意，但觸犯軍律，最後爲一國軍師之孔明判處死刑，以示軍戒。教練在指導運動選手從事平時訓練或比賽時，必須能掌握每位選手的言行是否恰當，如有優良表現應予表揚、獎賞，如有不當言行，或不盡責，雖過去有輝煌成就亦應給予應有的懲罰。這種賞罰分明的態度與做法極爲重要。

8. 要具有運用諫言之智慧：

美國故總統甘迺迪曾擔任總統時在國情咨文中提及：「多數的人民要求國家對他們應做什麼，但在要求國家對人民做事之前，應該先想站在人民的立場對國家盡了什麼義務」的名言，及日本明治維新時，政府軍爲討伐擁護德川幕府的彰義隊武士時，政府軍的賢人曾做建議如何征伐之事而受採納，結果在極短時間內擊敗擁護幕府的武力，迅速推行維新政治。同樣的身爲教練者，在平時訓練或臨場比賽時，對所指導的運動選手應能區分「該說」與「不該說」的界限，以免傷害選手之

心，提升其信心與意願。

9.要有使自己更雄壯的智慧：

教練也是人，想要提升教練功能，必須不斷的進修教練的理論、技法與經驗。不知進修充實自己的學養、能力者，只會成為自視甚高、目中無人的狂傲者，其言行無法服人也無法收到指導效果。因此，身為教練者應該需要了解本身的智慧、能力與人際關係，從實際指導工作中累積經過選擇的良好知識、技能等經驗，不斷壯大自己才是。

運動教練是擔任具有目標的「人影響人」的工作者，其本身的學養，指導能力會影響運動選手的成就。因此，教練須不斷的研究改進指導（指揮）人的原則，精鍊各種智慧，以具體方法指導選手從事有計劃的訓練與比賽，創造個人與團體的最高成績。以上是前筑波大學教授古滕高良的教練哲學，在此特別予以撰述以供參考。

二、運動心理學的修養

人是屬於高等運動的靈長類。但是「人」具有思考與雙手創造的能力，與其他各種動物不同。運動（Sports）是人的生命表徵之一。尤其是競技運動更是經長久時間所發展的人類文化活動之一。在外表上看，人的競技運動是身體性的，實際上，該身體運動與精神機能有密不可分的關係，甚至可說，身體運動或活動是精神機能的具體表現。教練是發掘並指導運動選手從事有目標、有計劃的訓練與比賽的人，為使選手有優良的表現必須具備運動心理學的修養。本書雖非運動心理學概

論，但屬運動心理學的一個領域，是撰述教練所必備的心智訓練的專書，因此有必要介紹運動心理學的主要內容供教練參考。以下擬以重點方式介紹運動心理學的概要。

㈠運動心理學的意義、內容與研究方法：

綜合眾多運動心理學家對運動（Sports）心理學的定義，可以說運動心理學是「以心理學的方法研究運動事象的科學」，其研究的內容包括各項運動的心理特性、人（尤其少年、青年）的身心、社會行為的發展過程與特徵、運動的動機、運動的學習（包括理論與方法）、比賽適應、策略與戰術運用、人格培養、心理治療等。研究方法有觀察法、實驗法、測驗法、調查法、作業法、晤談法、問卷法等。

㈡各項運動的種類與心理特性的關係

競技運動的種類甚多，如以比賽場地、設備器材或比賽方法區分是可分為：

1.陸上運動：

包括田徑、體操、球類、自衛（包括技擊類）等。以田徑運動來說，包括短距離跑、中距離跑、長距離跑、接力跑、障礙（跨欄）跑、跳部、擲部、全能（七項、十項）運動等。以體操來說，包括地板、跳馬、鞍馬、吊環、單槓、雙槓、高低槓、平衡木等運動。以球類來說，包括籃球、排球、足球、棒（壘）球、手球、曲棍球、橄欖球、合球、巧固球、羽球、網球、桌球、高爾夫球、保齡球等。再說自衛或技擊類運動即

包括拳擊、柔道、摔角、角力、擊劍、跆拳道、射擊、射箭等。除外，還有滑翔、自由車、舉重等運動。

2.水上運動：

包括游泳、水球、跳水、划船、帆船等。以游泳來說有各種距離的捷泳、蛙式、仰式、蝶式，亦有接力等。跳水有一公尺、三公尺、五公尺、十公尺跳水，划船有單人、雙人、四人、八人單雙槳等。

如以人數區分時，可分為個人、雙人、團體等運動，個人運動有田徑、體操、射箭、射擊、高爾夫球、保齡球、舉重等；雙人運動有拳擊、柔道、摔角、跆拳道、角力、擊劍、桌球、羽球、網球等單打等；團體運動有籃球、排球、足球、棒（壘）球、橄欖球、手球、曲棍球、合球、巧固球等。不論採用何種分類，每種（項）運動均有其獨特的心理特性（有關心理特性已於本書、貳之一一、㈢做介紹）。例如屬個人運動之田徑運動，短距離賽跑是採用分道比賽方式而中、長距離賽跑卻是不分道方式進行比賽，此時選手的心理感受不同，因應比賽的策略亦不同。又如田賽裡的跳部與擲部，係依順序出場試跳或試擲，因此每位選手臨場所看的事象或其他選手的言行均會影響比賽心理。再說雙人運動中的拳擊、擊劍等技擊類運動，在比賽時會產生興奮、緊張、不安等心理；必須不斷的注視對手的眼神與動作，以做攻守依據，因此內心所承受的壓力甚重，極須具備膽大心細、觀察入微、臨危不亂、洞察機先、臨機應變能力。屬團體運動的各種球類運動更是需要具備敏銳的觀察敵我各隊員的比賽中動作，以便發揮個人的技術，並與本

隊隊員合作完成攻敵動作，此時必須有迅速靈敏的判斷與反應，與隊友合作才行。

　　由上述若干例子，可知，雖同屬競技運動，但是各種（項）運動選手所應具備的心理特性各不相同。

㈢運動選手的身、心、社會行為的發展特徵

　　要在競技運動界出人頭地，必須在身、心能力在發展最高峯時期。想要培養一流的運動選手，必須自幼開始挑選具有天賦能力者予以長期培訓，最著名的例子便是第二次大戰後未解體的蘇聯、東德與中共的培訓制度。由國家統一，經客觀測驗發掘具有優異運動素質的幼兒或兒童予以長期訓練，經十年以上的培訓後在國際運動競賽上爲國爭光。

　　一般來說，具有運動天賦的少年，短者須經過6～8年，長者10年以上的長期培訓後，在18歲至20歲之間始能登峯造極創造最佳記錄或成績（雖然有極少數項目的年齡還要大些）。由上述可知，如想栽培優秀運動選手須充分了解少年、青少年、青年們的身體，例如身高、體重、胸圍、四肢長、體脂肪組成、內臟各器官功能等發育情形與各階段的特徵，敏捷性、肌力、耐力、柔軟性、協調性、瞬發力等體能的發展情形；智力、情緒、意志等精神能力的發展階段與特徵，交友、社會行爲的情形等，如是才能充分掌握指導對象施予合理的訓練。

㈣運動的動機：

　　動機是引起行爲的原動力。它具有方向性與持久性。如同

人的一般動機一樣，運動動機也是由驅因（Drive）與誘因（incentive）所構成。驅因是指存在於心中的需求（need）或意願，誘因是指教師的鼓勵，長輩、朋友的肯定、獎賞，時間、場地設備、金錢等環境的刺激。根據研究已知，人之所以喜歡競技運動是，它可以滿足活動、愛情、尊榮、自我實現等需求，亦能獲得長官、師長、長輩、朋友等肯定與獎賞。惟在實際訓練或比賽時如何引起有效的動機卻是教練的課題。通常可採用(1)訂定具體或要求水準(2)適時給予結果的知識(3)給予成功或失敗的經驗(4)運用賞罰原理(5)利用競爭與合作功能(6)訴之於興趣與關心等方法。在指導選手訂定目標時，可依該選手的能力、人格特質等決定「工作取向」或「自我取向」性的目標，以加強其動機。引起動機後，如何保持最佳動機水準也是非常重要的問題，依據研究可採用(1)模特兒訓練法(2)隔離法(3)選擇交流法(4)背景音樂法（Back Musics Method）(5)自律訓練法（Autogenic training）等。❻

㈤運動的學（練）習理論與實際方法

在外形上看競技運動時，是肌力、耐力、技術、智慧的比賽。誰的體能、技術及臨場比賽的智慧高，所採用的策略或戰術佳時必能創造佳績或克敵致勝。但是爲獲勝或創佳績，必須依據正確的學（練）習理論與方法從事合理學（練）習與訓練始能如願以償。以學習理論來說自古可分爲兩大派，一是領悟

---

❻　吳萬福　體育教學的心理 p121～135　台灣學生書局　民國81年9月

學說，二是經驗學說。前者認為學習是知覺的再體制化，是靠人的領悟能力；後者認為學習是有意經驗的累積❼。其實不論屬領悟說或經驗說均透過知覺器官的認知過程而進行學習，所以近年來盛行學習的認知學說。與運動技能的學（練）習具有密切關係的理論，除認知學說以外，正試用大腦工學理論（Cybernetics theorys）於運動學習上。而這些理論包括(1)運動行為的認知與情報處理過程(2)運動技術的學習與記憶(3)運動技術的學習與回饋等❽。至於運動技術的實際學習方法，可分為全部學習法、分段學習法；集中學習法、分散學習法；或是系統法、經驗法等，在實際教練時應視運動選手的技術、經驗、能力等程度與運動教材或技術的性質，選擇最合適的方法為宜。

㈥運動學（練）習的過程與結果

經過一段時間的學（練）習後，運動選手的技術會產生變化。只要學（練）習方法正確合理，可以較少熱量，或時間完成較前更完美的動作或技術。不過每一位選手的學（練）習過程因其能力、教材性質而有所不同。一般來說，學（練）習初期的進步率較大，經過一段時間後會減慢，甚至停滯不進，俟打通關節或了解技術學習的訣竅後會再進步。因此運動訓練過程中的技術學習或體能訓練常會發生高原（plateau）現象或

---

❼ 末利博　體育心理學（下卷）p1～4　逍遙書院　1960年10月
❽ 吳萬福　新體育心理學p24～48　中華民國體育協進會　民國78年6月

頓挫（Slump）現象，此時宜採用休息、分析學（練）習方法的缺失、改變或調整環境等措施以便及早脫離高原期或頓挫期。爲此教練應了解日本松田岩男教授所說的運動學習的五個過程：(1)引起學習動機(2)探索（試探）(3)發現原理(4)反覆練習（包括回饋）(5)熟練❾等以便在各過程中做適當的指導。

　　長時間反覆學（練）習的結果，通常選手的體能、技術、心智能力雖然其幅度有個別差異，但是均會進步。但是進步後如中斷學（練）習後，其體能、技術、心智能力會退步。這種現象稱謂學習的可逆性。不過有些技術會發生遷移現象（Transfar）。不過遷移有正面與負面兩種，教練與選手應了解兩者的原因與結果的關係❿⓫。

(七)運動比賽

　　競技運動選手的最後目標是參加比賽，並且在比賽時能創佳績。然而運動比賽與平時的練習或訓練不同，對選手來說它是具有緊張、興奮、不安的特徵。並且要了解影響比賽勝負的要素有(1)選手本身的實力、臨場身心狀況(2)裁判員的執法技術與態度(3)觀衆的性質與態度(4)比賽場地、設備與器材(5)比賽時的氣象條件等。加上選手本身對該場比賽的認知、經驗等會立

---

❾　松田岩男　保健體育學講座Ⅴ　學習指導の問題　體育の科學社　1961年

❿　松井三雄　體育心理學p194～202　體育の科學社　昭和37年9月　改定版

⓫　末利博　體育心理學（下卷）p140～142　逍遙書院　1960年10月

即產生正面或負面的影響。一般來說，想要在比賽時發揮平時的實力，甚至創造優異成績，除了加強體能、技術等因素以外，還得提升心智能力，尤其是適應比賽所須要的情緒控制與自信的樹立。通常所稱的情緒訓練便是消除怯場，臨場發揮最高能力的心智訓練之一。

㈧運動與人（性）格的培養

人的行為可區分為「內場」的行為與「外場」的行為。前者指思考，後者指看得見的肢體行動。運動（Sports）是外場行為之一，但是其行為只要是有意行為必受大腦的控制或支配。但是人從事大肌肉活動時之大腦作用與靜思某一問題時之大腦作用不同。經調查研究已知自幼接受長期身體運動訓練者，較無法從事緻密有系統的思考，只能做有關各項運動方法之思考而已。由實際調查或測驗得知，運動員比一般人活潑外向，情感易露，重義氣並坦率。這些人格特質似與長年的運動訓練有關。雖然迄今仍無法確定運動選手的人格特質是否完全由後天環境（訓練與比賽）所造成的，或是選手本身與生俱有的天賦，但是由日常生活中運動選手的言行中確可發現較一般人活潑外向，思索不如實踐，情感易露的現象。

㈨運動與心理治療

任何正常人從事相當時間的全身性運動後都會感覺適應的疲勞感與爽快感。尤其當滿肚子煩悶時藉全身性運動發洩它。不少青少年輔導院將運動納入輔導課程的理由亦在此。除之

外，爲復健身心，不少醫師將復健運動列爲處方之一，也可證明運動對身心有療效的事實。

以上，以重點方式介紹運動心理學的概要給運動教練參考，但願在採用心智訓練的同時能多撥時間研讀運動心理學專書或相關文獻以充實教練本身的運動心理學修養。

肆、教練指導運動選手獲勝的具體方法

教練的任務既是發掘具有天賦的運動選手，予以有計劃的訓練，以提升心、技、體等綜合競賽實力，以便參加比賽時能發揮最高能力，創造佳績或克敵致勝時，指導選手獲勝是教練必須不斷研究改進的最重要課題。茲介紹具體方法如下：

一、首要了解所參加的比賽層次與重要性爲何？同時決定勝負的因素有那些？

不論屬於基層、中層、高層（國家代表隊）的運動選手，在一年四季中，必會參加國內或國際的運動比賽。如果想要在國內、外各級比賽中有良好的表現或獲勝，身爲教練應了解各該項比賽的意義（層次）與重要性，是本年度的最大目標或是達到最後（大）目標的階段目標？或是國家代表隊的選拔賽？如屬本年度最重要的比賽，應指導選手針對該比賽加強體能、技術、心智能力的訓練並以最佳身心狀態參加競賽，如屬階段性目標或整個訓練過程中的一環，不妨以平常心及平時訓練的心態參加比賽，看看在平時的身心狀態可以有多少表現？

其次要了解的是決定比賽勝負的因素有那些？一般來說，決定勝負的因素有三；一是所指導的選手的體能、技術、心智能力的狀況如何？二是該次（項）比賽場地、設備、氣象、氣壓、生活飲食、裁判素養、觀眾態度、文化習俗、可能發生的意外事象等因素，三是要了解教練（自己與他隊的）本身的智慧、指導技術、經驗等因素。如能充分掌握上述三種決定勝負因素，選手參加該項比賽獲勝的機會會大增。

二、獲勝前的準備

了解決定勝負的因素後，就應加強賽前的準備。這些準備包括下列項目與內容。

㈠加強平時的合理練習

如屬參加本年度最重要的比賽而想獲勝，在賽前一個月或二週間就要開始調整身心狀況的重質不重量的練習，甚至每週參加一次的模擬賽。此時應以參加實際比賽的程序進行練習，使心、技、體能發揮綜合能力為原則。尤其除重質性的訓練外，應特別注意睡眠、飲食、疲勞的消除等。

㈡克服心智問題

不少運動選手在參加最重要比賽之前（時間的長短不一），會產生過份意識勝負、心理緊張不安、注意力分散、求勝心切、心情鬆懈、過度慎重、缺乏自信、專注力降低、猶疑不決、無法入睡、疲勞感等現象。教練平時宜注意運動選手的表

情、言行，甚至透過日記、觀察、測驗等方法充分把握所指導選手有無上述狀況，如有，應立即對症下藥給予心理輔導或加強心智訓練。

㈢將生活納入訓練範圍

選手的身心狀況在最佳時才能發揮平時訓練所得的能力以克敵致勝。而選手們的日常生活，包括健康管理、飲食、睡眠、人際關係、學習或工作等會影響訓練或練習成果。因此如何掌握並行合理的健康生活管理極爲重要。

㈣賽前的訓練設計與調整

賽前的身心調整極爲重要，尤其教練與選手須打成一片，針對比賽調整心情，確定目標。並且依計劃採取重質或重點練習，以改正缺點，提升技術水準。尤其屬團體運動比賽時，更應反覆演練各種戰術（針對各假想敵），研究可行有效的對敵策略，準備秘密武器。如此，始能在比賽時克敵致勝。

㈤比賽時的教練任務

如同運動選手一樣，教練在臨場比賽時有一定的任務，尤其想指導選手參賽獲勝時更須做到下列幾點：

1. 適時給予正確具體的技術指導或助言。
2. 提升選手的比賽士氣、意願。
3. 加強選手的心智咨商、助言或指導。
4. 加強團隊合作 5.擬定戰術或策略。

三、比賽當天須知

㈠徹底了解比賽場的特徵

包括整個印象、氣氛、場地、設備、照明、風向（速）、氣溫、濕度等。

㈡了解教練及選手的身心狀況

包括身體狀態、心智能力、技術表現狀況等。

㈢洞察對手的習性、企圖

利用對手在W-UP時的行為表現，在旁觀戰時，開始比賽後的對手表現等了解對手的企圖與習性。

㈣了解裁判員的習性、執法技術與態度

每一位裁判的執法態度、習性不一定相同，有些不苟言笑、態度嚴肅、冷酷；有些雖執法嚴格公正，但態度溫和可親，但不失權威性。

㈤提升自我能力至最佳狀態，將對手陷入最佳狀態

最重要的是靠選手本身的智慧，使自己的表現超出平常表現，使對手啞口無言。最佳的方法是，以平常心將平時所練習的技術，不受對方的影響發揮淋漓盡致。此時會加強信心，使對方喪膽失敗。

㈥教練在比賽當天的作為：

　　包括：1.徹底把握選手的身心狀況，2.以暗示或具體指示降低選手的緊張心理，3.賽前給予選手有利的助言或指示，4.比賽中緊要關頭時給予選手具體的有利指示，5.把握機會替補或交換選手，6.必要時要求暫停設法改變比賽的節奏，使比賽進行有利於本隊，7.對執法不公的裁判，應適時提出異議，8.賽後應慰勉選手並適時虛心檢討得失。

---

⑫　　德永幹雄　ベストプレイへのメンタルトレーニング（p26～37）　大修館書店　1996年6月

第四章　競賽性心理能力的意義、內容及其重要性

運動競賽是在一定的場區內，個人、雙人或團體在裁判員執法，觀眾圍觀下超越自我或對手的行為。在這種情形下，每一位選手均須集中精神全力以赴，並且也會感受到環境的壓力而心理不安。由於競賽運動的項目極多，所需心理能力不一定相同，例如田徑運動長跑選手所需要的最重要心理能力是自信、判斷對手的實力，控制自己的配速，必要時臨機應變以便超越對手，樹立個人的最高成績；拳擊選手上場比賽時須知己知彼之體能、技術與戰術，採取既定的攻守戰術，不斷觀察對手的眼神與攻守動作以為本身攻守依據。因此需要具備靈敏冷靜的觀察力與判斷力，堅強的鬥志始能克敵制勝；籃球選手在場上時需具備明察秋毫的觀察能力，注意本隊與對隊球員的攻守移動動作，並且隨時因應本隊或對隊球員的攻守行為。在這種情形下，仔細的觀察力（尤其靠正視與邊視的觀察）與臨機應變的攻守能力極為重要。由上述可知各項運動所需要的競賽性心理能力有些是相同，但亦有不同的地方。茲介紹運動心理學家對競賽性心理能力的看法以供參考。

壹、競賽性心理能力的意義

在以往的運動訓練中所使用的專門名詞中有身體的能力與精神的能力。前者是指包括身高、體重、胸圍、四肢長等體格、體型，肌力、敏捷性、耐力、協調性、瞬發力、柔軟性等體能；後者是指訓練或比賽時，堅強意志、高昂士氣、冷靜的頭腦、機敏的反應、穩定的情緒等。但是過去所指的精神能力似乎抽象而無法把握競賽時所需要的心理（精神）能力，所以日本九州大學教授德永幹雄創造了較具體的「心理性競技能力」這個名詞。德永幹雄爲解釋運動選手須具備心、技、體三個條件，以下表示其內容：

運動選手所必備的的能力
- 心理：智力、意志、根性、氣魄、集中力、忍耐力等。
- 技術：以網球爲例，正反抽球、截球、發球、等基本與應用技術。
- 體能：肌力、耐力、柔軟性、瞬發力、敏捷性、平衡等。

由上表可以了解，競賽性心理能力似乎涵蓋了智、情、意等心智能力，但迄今仍無具體的內容。因此，德永幹雄教授花費相當長的時間實施調查，然後採用統計分析，歸納出運動選手應具備的「心理性競技能力」（筆者將其稱謂競賽性心智能力）。

貳、競賽性心理能力的內容

　　九州大學教授德永幹雄在未研究出「競賽性心理能力」內容之中，已有不少各國運動心理家或相關研究機關對運動競賽所必須具備的心智能力做如下的界定。

　　一、前日本體育學會會長、運動心理學會會長也是中京大學校長的著名運動心理學家松田岩雄教授，認為做為運動適應性的心理性素質應包括下列七點：

　　㈠對Sports具有強烈興趣，並且具有發展該興趣的素質。

　　㈡為達成目標能集中並持續精神的素質。

　　㈢為實現共同目標，能分擔角色善盡責任的合作性。

　　㈣積極提升精神性緊張度，能以堅強鬥志參加競賽的素質。

　　㈤在危急或選擇場面能做正確迅速的判斷，並且能立即行為的素質。

　　㈥在危急場面或緊張狀況時，能控制感情、情緒，穩定精神的素質。

　　㈦行為能自主，遭到困難或障礙，面臨新局面時，能立即改變觀點，研究創造以求適應的素質。

　　二、日本Sports心理學會理事、御茶水女子大學教授，也是運動心理學專家的加賀秀夫說，運動選手須具備的心理特性有五點，也就是

　　㈠忍耐、持久

　　㈡勇敢奮鬥、打開局面

㈢判斷、果斷

㈣沈著、平常心

㈤創意、研究。

三、日本體育協會採用美國的競賽動機測驗爲版本並將其標準化，其內容有十七點。

㈠向目標的挑戰

㈡提升技術的意願

㈢克服困難

㈣求勝的志向性

㈤對失敗的不安

㈥緊張性不安

㈦冷靜的判斷

㈧強韌的精神

㈨對教練的接受程度

㈩對教練的適應不良度

⑾鬥志

⑿對「知」的樂趣

⒀生活習慣

⒁對練習的意願

⒂對競賽的價值觀

⒃計劃性

⒄對努力的歸屬

四、日本Sports心理學會會員海野孝，對代表日本參加1984年第廿三屆洛杉磯奧運會及第九屆亞運會之運動選手所做

的調查結果中，這些選手們的心理訓練主要內容包括專注力、自我控制能力、自信、決斷力、忍耐力、放鬆、鬥志、判斷力等。

五、美國運動心理學家「奧吉爾比與塔克」的競賽動機測驗的項目包括下列十一項：

㈠意願

㈡攻擊性

㈢決心

㈣自罰傾向

㈤統率、指導性

㈥自信

㈦情緒的控制

㈧精神的強韌度

㈨接受教練的能力

㈩誠實性

(十一)對其他的信賴感

六、美國「塔克與特西」的運動（Sports）情緒反應側面圖（profil）包括下列七項：

㈠意願

㈡確信

㈢敏感性

㈣緊張的控制

㈤信賴

㈥個人責任

㈦自我磨練

七、美國「雷亞」的心智能力診斷項目包括七項：

㈠自　信

㈡消極性熱量

㈢專注力

㈣徹底控制力

㈤意　願

㈥積極性熱量

㈦思考法

八、美國「馬霍尼」的心理性技術測驗包括下列六項：

㈠團體合作

㈡心理準備

㈢自信

㈣動機

㈤專注力

㈥不安控制

　　九州大學教授德永幹雄自一九八六年開始，以日本一流選手爲主做精神力的調查研究，經多次研究結果予以分析與統整，終於獲得競賽性心理能力的十二個項目，其十二個項目的具體內容如下：

　　㈠競賽意願

　　1.忍耐力：能忍耐痛苦，堅持到底。

　　2.鬥爭心：愈是規模大、層次高的比賽愈能激起高昂的鬥志，對手愈強，鬥志愈旺。

3.自我實現的慾望：挑戰自我的可能性，爲自己奮鬥到底，有自己的目標與強烈的意願。

4.獲勝意願：絕不服輸，一定要贏，獲勝第一，絕不能輸。

(二)精神的穩定與集中

5.自我控制的能力：臨場比賽時無法控制自己。因緊張而無法發揮平時的實力，心情的變換慢。

6.放鬆能力：無法沉著比賽，會失去冷靜，無法集中注意力，常會耽心勝負而不能專注精神。

7.專注力：無法沉著比賽，失去冷靜，無法集中注意力，耽心勝負，心浮氣散。

(三)自信

8.自信：能發揮實力的自信，對自我能力的自信，達成目標的自信，對自己能做好動作的自信。

9.決斷力：果敢優良的比賽，不怕失敗的決斷，比賽時的決斷力。

(四)作戰能力

10.預測力：戰術成功，能適時改變戰術，預測成功，能爲獲勝擬訂戰術。

11.判斷力：能迅速判斷比賽狀況與流程，在重要場面可做正確判斷，在艱苦場面可做冷靜判斷。

(五)合作性

12.合作（協調）性：珍視團體合作，互相勉勵以進行比賽，團結心。

由上述可以了解已經在運動競賽上所稱的精神力是包括競

賽意願、精神穩定與集中、自信、作戰能力與合作五大項，如再細分時，可包括忍耐力、鬥爭心、自我實現慾、獲勝意願、自我控制能力、放鬆能力、專注力、自信、決斷力、預測力、判斷力、合作性等十二項內容。

參、競賽性心理能力的重要性

　　運動競賽行為是需發揮心、技、體等綜合能力的有意行為。如想要提升行為效率，達到預期行為目標，必須充分發揮心理能力，適應競賽環境，充分運用充沛的體能，高超的運動技術與戰術始能創造優秀成績或克敵致勝。因此可以了解為超越自我、戰勝對手，選手的心理能力極為重要。茲分述理由如下：

一、站在有意行為的立場而言：

　　各級運動選手參加平時運動訓練或各級比賽的目的不外乎想向自我能力挑戰，或參加比賽超越他人，克敵致勝爭取榮譽。實際上要在平時訓練或參加比賽時，選手本身必須能了解自己的身心情況，與隊友、教練、管理的關係、生活起居、學業、工作等有直、間接關係的各種因素。如果準備參加比賽時更需要了解身心狀況的調整，搜集有關比賽的各種情報並予以分析，以便擬定比賽時的因應對策，上場比賽時亦須燃起高昂的鬥志，以冷靜的頭腦、靈敏的觀察分析比賽環境與對手，運用個人的聰明才智發揮既備的體能與基本應用技術，以實際行

為創造優異的成績或克敵致勝。由上述可知站在有意行為的立場來說，競賽性心理能力在平時訓練及實際比賽時的重要性。

二、站在發揮個人體能與技術的立場而言：

想要在舉重比賽有優異表現必須要有強大的肌力、瞬發力與全身協調性。有強大肌力及瞬發力才能克服重量負荷，有良好的協調性才能動員上下肢及軀幹各部肌肉，依順序收縮肌肉發出最大肌力，有高超技術才能順利舉上重量器材。但是舉重之前，須凝聚注意力經短暫意像整個舉重動作後立即下決心，全神灌注起舉動作，然後發出全力做出舉重動作。跳遠選手站在助跑道的遠端，準備助跑試跳之前，會先行深呼吸若干次，並且凝視起跳板，短暫意像助跑、起跳、空中姿勢、著地等一連串的試跳動作。最後視風速、風向、噪音等較小時立即下決心，依內心所預定的程序試跳以求最佳成績。如該跳成績優異，聰明的選手會將其感覺或體驗送往長期記憶庫內，以為未來再試跳時之依據。球類比賽時的選手亦如此，比賽開始後必須不斷的觀察球、隊友、對方球員的動作而不斷的改變自己的動作，以求因應。此時必須發揮專注力、預測力、決斷力、自信、合作並以高昂士氣全力以赴。

三、站在發揮團隊能力的立場而言：

不論何種（項）運動，在參加比賽時多以團隊名義參加。雖然實際參加比賽時其方式有個人賽、雙人（對人）賽、團體賽等，但是選手所代表的團體。在這種情況下，參加比賽的選

手不只須要發揮個人的強烈競賽意願，集中精神、充分自信心與優越的戰術能力，更需要發揮團隊的榮譽感，以便創造最佳成績。以高爾夫、網球、桌球、羽球等單打為例，雖然是屬於個人項目，但是參加比賽時具有團體與個人兩種性質，因此個人的成敗會立即影響團隊的成敗。由此，可見不論是個人或團體參加比賽時運用心理能力極為重要的事情。

身為運動教練，應了解屬於有意行為的競賽行為是由認知→選擇反應→回饋→再選擇反應→突破→創造佳績或克敵致勝→輸入長期記憶庫等心理機轉所構成。為此，教練應平時多有計劃的觀察（包括客觀的測驗、調查等）運動選手的言行、體能、技術、實際比賽的行為，並予以記錄以便做日後指導時之修正或改進的依據。一般所稱優秀教練均具有慧眼識英雄，臨場指揮時，能迅速觀察敵我選手的身心狀況、比賽環境等，並且能對己方的選手做最適且有效的暗示，以燃起選手們的鬥志，獲勝意願，發揮專注、自信、預測、決斷、合作等心理能力，超越自我，克敵致勝。

第五章 競賽性心理能力的測驗法

壹、德永式競賽性心理能力測驗

　　日本九州大學體育科學研究中心教授德永幹雄在年輕時是一位網球健將，至壯年之後仍不疲此道，繼續為健康與休閒打網球。德永幹雄雖非大學體育系科畢業，但對Sports的興致甚高，任教大學後逐漸注意運動心理問題，而在一九八六年開始著手，不斷的以日本一流運動選手為對象採用問卷調查方式研究競賽性心理能力並且在近十幾屆日本體育學會論文發表會上發表而受注意。最後於一九九六年六月出版「指向最佳比賽的心智訓練法」一書以供體育運動界人士參考。筆者擬將該書中所列競賽性心理能力測驗項目譯成中文並將測驗方法、整理手續等予以介紹以供我國教練之參考。

　　德永式競賽性心理能力測驗包括「心理特性測驗」與「心理狀態測驗」兩種。前者是測驗運動選手在平時所具備的有關運動競賽的心理特性，後者是測驗運動選手在比賽時所顯現的心理狀態。上述兩種測驗均為五分等級的問卷法。茲介紹如下：

一、做為「特性」的競賽心理特性診斷測驗：

共有五十二題，測驗須知請見下列說明。

　　請閱讀下列條文，並且依據自己的實際感受，在4～6秒內俱實以○在每題文詞後數據上做圈號。其五分法的回答依據是1.不是或幾乎不是（0～10％）2.很少是（25％）3.有時是（50％）4.時常是（70％）5.總是（90～100％）。例如賽前會發抖 1. 2. 3. 4. 5.。如果自覺時常有這種現象時應在4畫○。也就是「賽前會發抖 1. 2. 3.④ 5.」。不過第 5. 6. 7. 13. 18. 19. 20. 26. 31. 32. 33. 44. 45. 46.等十四題的做答順序相反，也就是說例如「比賽時，精神會動搖」，如果自覺不是或幾乎不是時應在5上圈○號。如果自覺總是這樣則應在1上圈○號。

　　練習(1)不論何種比賽絕不放棄 1. 2. 3. 4. 5.(2)比賽時憂慮會不會失敗 1. 2. 3. 4. 5.(3)比賽前心理會不安 5. 4. 3. 2. 1.。

(1)在辛苦艱難的場面也可以忍耐著比賽。　　1 2 3 4 5

(2)愈是大比賽，鬥志愈會高昂。　　1 2 3 4 5

(3)以挑戰自己的可能性的心情參加比賽。　　1 2 3 4 5

(4)比賽前，在心中想「絕不能輸」。　　1 2 3 4 5

(5)比賽時，無法控制自己。　　5 4 3 2 1

(6)太關心勝負而緊張。　　5 4 3 2 1

(7)無法沉著比賽。　　5 4 3 2 1

(8)有自信在壓力下，可以發揮自信力。　　1 2 3 4 5

(9)在緊要關頭時，可因應狀況從事優異表現
　　的比賽。　　1 2 3 4 5

(10)所採用的戰術會成功。　　1 2 3 4 5

(11)我優於判斷力（我有很好的判斷力）。　　1 2 3 4 5

⑿很珍重（珍惜）團體合作。　　　　　　　　1 2 3 4 5

⒀參加比賽而輸給對方時會出穢言辱罵失敗，

　　以警告所有隊員。　　　　　　　　　　　5 4 3 2 1

⒁能發揮忍耐心。　　　　　　　　　　　　　1 2 3 4 5

⒂比賽時，會自然燃起鬥志。　　　　　　　　1 2 3 4 5

⒃以「為自己奮鬥」的心情參加比賽。　　　　1 2 3 4 5

⒄比賽前內心會想「一定要獲勝」。　　　　　1 2 3 4 5

⒅緊張而無法發揮平時的技能或動作。　　　　5 4 3 2 1

⒆比賽時精神會動搖。　　　　　　　　　　　5 4 3 2 1

⒇有時會失去冷靜。　　　　　　　　　　　　5 4 3 2 1

(21)對自己的能力有自信。　　　　　　　　　　1 2 3 4 5

(22)比賽時有決（果）斷力。　　　　　　　　　1 2 3 4 5

(23)能立即改變戰術。　　　　　　　　　　　　1 2 3 4 5

(24)能判斷比賽的趨勢。　　　　　　　　　　　1 2 3 4 5

(25)與隊友或同伴互相勉勵，以進行比賽。　　　1 2 3 4 5

(26)自己失敗時，會認為別人所為而絕不道歉。　5 4 3 2 1

(27)比賽時，會堅忍不屈的堅持到底。　　　　　1 2 3 4 5

(28)對手愈強，愈能提高鬥志。　　　　　　　　1 2 3 4 5

(29)比賽時，有自己的目標。　　　　　　　　　1 2 3 4 5

(30)比賽結果如失敗，會有過份不甘願的情形。　1 2 3 4 5

(31)心情的改變速度慢。　　　　　　　　　　　5 4 3 2 1

(32)臨賽前會不安。　　　　　　　　　　　　　5 4 3 2 1

(33)比賽時會留意觀眾，而無法集中注意力。　　5 4 3 2 1

(34)有自信達成自己的目標。　　　　　　　　　1 2 3 4 5

(35)不怕失敗，而可以決斷。　　　　　　　　1 2 3 4 5

(36)爲獲勝，會思考各種戰術。　　　　　　　1 2 3 4 5

(37)在重要關鍵時，能做正確的判斷。　　　　1 2 3 4 5

(38)我有團結心。　　　　　　　　　　　　　1 2 3 4 5

(39)比賽如犯規，我會服從裁判的判決。　　　1 2 3 4 5

(40)能忍耐身體的痛苦或疲勞。　　　　　　　1 2 3 4 5

(41)愈是重要比賽，精神愈好。　　　　　　　1 2 3 4 5

(42)有自己的「想要幹」的精神。　　　　　　1 2 3 4 5

(43)比起比賽內容，均以獲勝爲第一目標。　　1 2 3 4 5

(44)臉皮會緊張硬化，手腳會發抖。　　　　　5 4 3 2 1

(45)比賽時會感受壓力。　　　　　　　　　　5 4 3 2 1

(46)總會顧慮勝負而無法集中精神。　　　　　5 4 3 2 1

(47)有自信能在任何場面，做好自己的比賽。　1 2 3 4 5

(48)在艱苦場面，也能迅速下決斷（心）。　　1 2 3 4 5

(49)預測會巧中（巧妙的測中）。　　　　　　1 2 3 4 5

(50)在艱苦場面，也能冷靜判斷。　　　　　　1 2 3 4 5

(51)與隊友或同伴，能好好合作參加比賽。　　1 2 3 4 5

(52)不分敵我，對美好的比賽會給與鼓掌叫好。　1 2 3 4 5

運動項目＿＿＿＿＿＿姓名＿＿＿＿性別＿＿＿年齡＿＿＿歲

運動歷＿＿年

二、做爲診斷競賽心理狀態的「德永式競賽心理狀態診斷測驗」：

共十題，測驗須知請見下列說明。

　　請閱讀下列條文，並依據自己的實際感受，在4～6秒內，俱實以○在每條文詞後數據上做圈號。五分法的回答依據是 1.完全不是那樣 2.很少那樣 3.無法斷定 4.大部分是那樣 5.完全那樣。例如比賽時不斷的想要贏 1 2 3 4 ⑤。

(1)不放棄而能奮鬥至最後。　　　　　　　　1 2 3 4 5

(2)有高昂的鬥志。　　　　　　　　　　　1 2 3 4 5

(3)以達成自己目標的心情，參加比賽。　　　1 2 3 4 5

(4)有強烈的獲勝意願。　　　　　　　　　　1 2 3 4 5

(5)不會失去自我，能以平常心比賽。　　　　1 2 3 4 5

(6)不會意識勝負，而不過份緊張的完成比賽。　1 2 3 4 5

(7)能集中精力完成比賽。　　　　　　　　　1 2 3 4 5

(8)有自信。　　　　　　　　　　　　　　　1 2 3 4 5

(9)比賽時的戰術或狀況判斷，均甚成功。　　1 2 3 4 5

(10)比賽中或比賽與比賽之間，能與同伴互相勉
　　勵、合作。　　　　　　　　　　　　　1 2 3 4 5

三、測驗結果的整理

　　做完德永式競賽心理特性及心理狀態等診斷測驗後，應依下列方法整理測驗結果，以供教練分析與判斷：

　　(一)德永式競賽心理特性診斷測驗結果的計分法

1.忍耐力　　　　(1)　(14)　(27)　(40)

2.鬥爭心　　　　(2)　(15)　(28)　(41)

3.自我實現慾　　(3)　(16)　(29)　(42)

4.獲勝意願　　　(4)　(17)　(30)　(43)

5.自我控制　　(5)　(18)　(31)　(44)

6.放鬆　　　　(6)　(19)　(32)　(45)

7.專注力　　　(7)　(20)　(33)　(46)

8.自信　　　　(8)　(21)　(34)　(47)

9.決斷力　　　(9)　(22)　(35)　(48)

10.預測力　　　(10)　(23)　(36)　(49)

11.判斷力　　　(11)　(24)　(37)　(50)

12.合作性　　　(12)　(25)　(38)　(51)

　　　　　　1.　2.　3.　4.　5.　6.　7.　8.　9.　10.　11.　12.
總分＝□＋□＋□＋□＋□＋□＋□＋□＋□＋□＋□＋□

(二)德永式競賽心理狀態診斷測驗結果的計分法

　1.完全不是那樣

　2.很少是那樣

　3.無法判斷

　4.大部份是那樣

　5.完全那樣

　　　　　　1.　2.　3.　4.　5.
總分＝□＋□＋□＋□＋□

標準	1.（極低）	2.（稍低）	3.（平均）	4.（稍優）	5.（極優）
得分	32分以下	33—36	37—42	43—46	47分以上

(三)完成計分後將各項所得分數填入競賽心理能力因素側面圖：兩種側面圖如下：

圖1　競賽性心理能力的因素別側面圖（profile）

綜合得分（　　　　）

因素＼判定・得分	1	2	3	4	5
1.競賽意願	16　20　25	30　35　40	45　50　55	60　65　70	75　80
2.精神的穩定・集中	12　15　20	25　30　35	40　45　50	55　60	55　60
3.自信	8　10　15	15　20　25	25　30　35	30　35	40
4.作戰能力	8　10　15	15　20　25	25　30　35	30　35	40
5.合作性	5　6　7　8	9　10　11　12	13　14　15　16	17　18　19	20

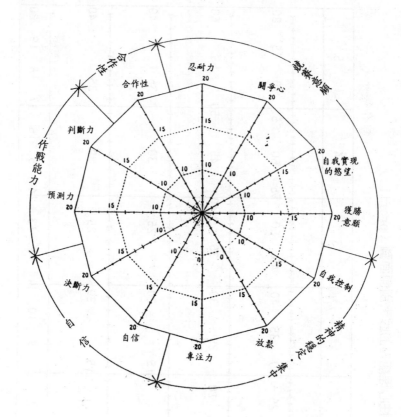

圖2 競賽性心理能力的整個側面圖（profile）

㈣德永式競賽性心理能力測驗結果之整理示例：（以我國射箭選手 L爲例）

（德永式）競賽心理特性診斷測驗結果，各項得分及總分如下：

總　和

1.忍耐力	(1)5	(14)5	(27)4	(40)4	（18）	⎫ 73
2.鬥爭心	(2)5	(15)5	(28)5	(41)4	（19）	⎪
3.自我實現慾	(3)4	(16)4	(29)5	(42)4	（17）	⎪
4.獲勝意願	(4)5	(17)5	(30)4	(43)5	（19）	⎭
5.自我控制	(5)4	(18)3	(31)2	(44)3	（12）	⎫ 35
6.放鬆	(6)3	(19)2	(32)4	(45)2	（11）	⎪
7.專注力	(7)3	(20)2	(33)5	(46)2	（12）	⎭
8.自信	(8)5	(21)5	(34)4	(47)4	（18）	⎫ 34
9.決斷力	(9)3	(22)5	(35)3	(48)5	（16）	⎭
10.預測力	(10)4	(23)4	(36)3	(49)5	（16）	⎫ 33
11.判斷力	(11)4	(24)4	(37)4	(50)4	（16）	⎭
12.協調性	(12)5	(25)5	(38)5	(51)4	（19）	─ 19

總分＝
1.	2.	3.	4.	5.	6.	7.
18	＋19	＋17	＋19	＋12	＋11	＋12

　　　└──────73──────┘　　　　└───35───┘
　　　　（競賽意願）　　　　　　（精神的穩定·集中）

8.	9.	10.	11.	12.
＋18	＋16	＋16	＋16	＋19	＝193

　└──34──┘　└──32──┘　19
　（自　信）　（作戰能力）　合作性

圖1 競賽性心理能力的因素別側面圖

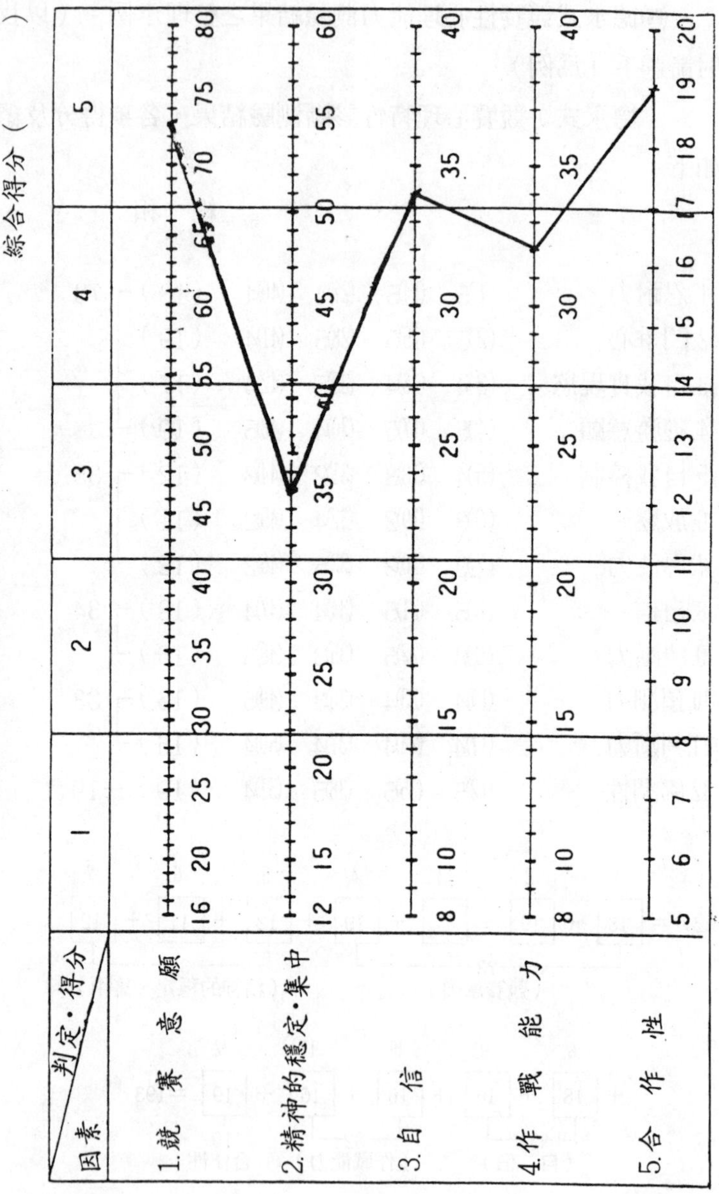

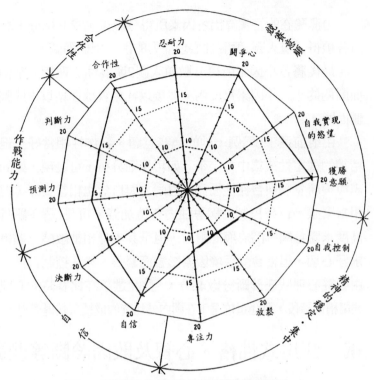

圖2　競賽性心理能力的整個側面圖

（德永式）競賽心理狀態診斷測驗結果所得分數

1.完全不是那樣

2.很少是那樣

3.無法斷定

4.大部份是那樣

5.完全那樣

$$總分 = \boxed{0} + \boxed{0} + \boxed{3} + \boxed{12} + \boxed{30} = 45$$

　　由測驗卷的答案算出各因素所得分數後，求其總分，然後將各項得分填入圖1競賽性心理能力的因素別側面圖。

　　最後將各小因素所得分數填入圖2競賽性心理能力整個側面圖內的十二小因素尺度內，然後以紅色實線連結以畫成整個側面圖。

　　由射前選手L為例，她的競賽意願、合作性相當好，但是精神的穩定性或集中力平平，如再仔細分析，可發現，她的鬥志與獲勝意願與合作性極高，忍耐力與自信也相當良好，但是相當緊張，自我控制力與專注力有待加強。可見L選手雖具有高度求勝意願、鬥志與忍耐力，但是其本身相當敏感、遇事想求好心切，但常會受環境因素影響而緊張、無法控制自己。再由競賽心理狀態診斷分數45分，可知L選手在比賽時的心理狀態屬稍優階段，難怪這位選手在國內外比賽的成績有較優表現。

貳、江川式性格、心智及敗因診斷等測驗

　　江川玟成畢業於東京教育大學教育學部心理學科。歷經東京電機大學副教授而現任東京學藝大學教授，亦擔任日本體育協會運動咨商工作。江川對運動心理學有相當研究，是日本體育協會心智管理研究員之一，著有心理學、求勝利的條件、從受欺侮學習、實踐運動心理學、教育的關鍵學、學生指導的理論與方法、指向勝利的實踐心智訓練等書。

　　下面所介紹的測驗的是譯自江川玟成在1992年所出版的「指向勝利的實踐心理訓練」一書所列者。⓭

⓭　　江川玟成　勝利への實踐メンタル・トレーニング　チクマ秀版社　平成4（1992）年7月

一、性格的自我檢查法

本檢查屬尺度性自我檢查法，受測者依順序熟讀測驗項目並經思考後在尺度上以○做記號，是一種極簡單易行的自我檢查法。

測驗說明：

請你自我反省日常行為後，就下列尺度上，認為適當的地方以○做記號。當做好十一個尺度記號後由上而下以實線連結○號時，可以製成你本身的性格側面圖。（圖3）

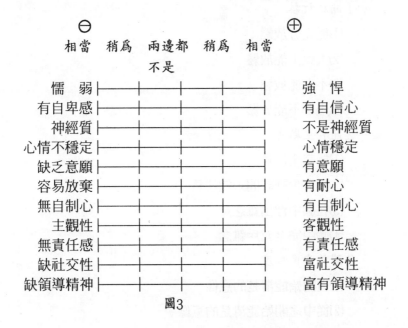

圖3

做完性格的自我檢查，並以實線連結所做○記號後，可以發現你本身的性格特徵是什麼？如果發現所做○記號在平均（兩邊都不是）左側時，應設法改進你的性格缺點。尤其身為

教練者，應參考選手本身的自我檢查結果，進一步了解每位選手的性格特徵，以做爲平時訓練或比賽時指導之參考。

二、心智訓練的檢查項目

在檢查時先填寫實施年月日、星期幾、第幾段、第幾天、實施時間（AM、PM）○時○分起等。其做法如下：請針對下列各問題，選擇最適合你的問題前以○做記號。

1. 關於放鬆

(1)能充分放鬆

(2)大致上能放鬆

(3)不太能放鬆

(4)幾乎不能放鬆

2. 關於主題文

(1)能完全注意

(2)只有少許時間未能注意

(3)在腦中浮出雜念

(4)腦中完全充斥雜念

3. 關於意像程度

(1)由開始能清楚的意像

(2)從中途開始能清楚的意像

(3)從中途意像開始不清楚

(4)由開始就無法做到清楚的意像

4. 關於空白時間

(1)照指示，腦中完全空白無雜念

(2)腦中浮顯極少雜念

(3)腦中浮顯少許雜念

(4)腦中浮顯各種雜念

5.關於覺醒時的狀態

(1)氣氛極清爽

(2)沒有特殊的不快感

(3)頭腦有點昏

(4)有不快感

6.對整體的評量

(1)照指示完全做到

(2)大致上照指示做到

(3)不太會做到

(4)幾乎做不到

三、敗因診斷表

設計本診斷表的用意是提供運動選手完成比賽後，為正確分析敗因，以便針對缺點，擬定指向爾後的訓練或比賽目標的。因此對於教練或運動選手具有檢討改進依據的價值。其填記法如下：

回顧過去一年或一季的比賽經驗，就下列各項中，你認為最適合的地方，以○做記號。

	幾乎沒有	偶然	常常	總是	
1.	( )	( )	( )	( )	有過過份意識勝負的事實。
2.	( )	( )	( )	( )	受環境周圍的影響，有過無法專注精神的現象。
3.	( )	( )	( )	( )	有過怯步不前的行為。
4.	( )	( )	( )	( )	但輪到自己出場時，心情無法沉著穩定過。
5.	( )	( )	( )	( )	有時會想到會不會輸或失敗過。
6.	( )	( )	( )	( )	曾怯場過。
7.	( )	( )	( )	( )	急於求勝，結果反而輸掉過。
8.	( )	( )	( )	( )	因一時疏忽而失敗，或是被對手的技術所打敗過。
9.	( )	( )	( )	( )	因過度慎重（消極）而輸過。
10.	( )	( )	( )	( )	對自己的技能失去自信而輸過。
11.	( )	( )	( )	( )	比賽前日，有過無法熟睡現象。
12.	( )	( )	( )	( )	在比賽中，在腦裡思考各種技術或方法時，有過失敗的經驗。
13.	( )	( )	( )	( )	有過無法預測比賽對手的動作。

14. (　) (　) (　) (　) 　　有過違反規則而失敗。

15. (　) (　) (　) (　) 　　過份拘泥於事先所擬戰術而
　　　　　　　　　　　　　　　　輸過。

16. (　) (　) (　) (　) 　　所發揮的技術太過單調而失
　　　　　　　　　　　　　　　　敗過。

17. (　) (　) (　) (　) 　　有過無法制敵機先，只好採
　　　　　　　　　　　　　　　　取因應性守勢。

18. (　) (　) (　) (　) 　　有過想要施技攻擊對手，但
　　　　　　　　　　　　　　　　無法得逞。

19. (　) (　) (　) (　) 　　曾被對手的戰術所迷而失敗
　　　　　　　　　　　　　　　　過。

20. (　) (　) (　) (　) 　　有錯失施技時機過。

21. (　) (　) (　) (　) 　　施技時曾有過猶豫不決現象。

22. (　) (　) (　) (　) 　　比賽時無法保持合理的間距
　　　　　　　　　　　　　　　　而被對手打敗過。

23. (　) (　) (　) (　) 　　無法預測對手的施技企圖而
　　　　　　　　　　　　　　　　失敗過。

24. (　) (　) (　) (　) 　　有過當對手獲得有效戰術時，
　　　　　　　　　　　　　　　　往往無法反敗爲勝。

25. (　) (　) (　) (　) 　　比賽中曾受傷過。

26. (　) (　) (　) (　) 　　愈是接近比賽日，會發生身
　　　　　　　　　　　　　　　　心狀況不佳現象。

備註：

1.填完敗因診斷表後，應仔細觀察那些項目是屬於自己最弱的，如
　果在診斷表中「總是」、「常常」欄內做記號者，應在平時

訓練努力改善、缺點，使其變成「偶然」或「幾乎沒有」的
程度。

2. 如果需要改進的項目多，應選擇認爲最重要的項目先著手改
進。

3. 教練可依據本診斷表，了解運動選手的特徵，在日常訓練或
下次比賽時給予適切的指導或助言。

4. 可以修改本診斷表的文體，例如「有過過份意識勝負的事實」改
爲「過份意識勝負」等，並且在每一次賽後立即檢討敗因。
如是，可以合併診斷該選手的問題有無獲得改善，如何擬定
下一個目標。

參、新修訂Y－G性格測驗⑭

　　Y－G性格測驗的全名是Yatabe-Guilford Personality
Inventory。是日本京都大學教授矢田部達郎、園原太郎、關
西大學副教授辻岡美延等，以美國心理學家居福（J. P.
Guilford）與馬丁（H. G. Martin）所創製的personality
Inventory for factors STDGR；personality Inventory
for factors GAMIN；personality Inventory(1)等三種性格
測驗爲藍本，改編爲適合日本人的一種性格測驗。其性質屬於
問卷式的自我診斷性測驗。整個測驗包括十二個因子120個題
目，測驗方法是由測驗者依題目順序朗讀，令被測驗者聽清楚

---

⑭ 辻岡美延　新性格檢查法（Y－G性格檢查實施·應用·研究手引）竹井
機器工業株式會社　昭和42年7月

後，經　4～6秒後立即回答欄內以○、×、－等做回答記號，或由受測者自行依順序閱讀問題後在回答欄內做回答記號，但每題思考時間仍儘量遵守4～6秒限制。完成作答後在回答表下面的記事欄內填寫所屬機關、學校、代表隊、專長或位置、職位、姓名、年齡、既往症、開始練習運動時期、過去最高成績等。接著依據回答記號算出各因素之得分，然後移填在profile中。

一、新修訂Y－G性格測驗的120個問題

1.認識各種人是一種樂趣。

2.在人群中常常會退縮在後面。

3.喜歡思考困難的問題。

4.想做各種不同的工作。

5.能和周圍的人配合步調（行為）。

6.若不常做事，內心會感到不安。

7.我想社會一般人都不關心別人的事情。

8.雖無顯著原因，但會有悲喜的現象。

9.只要有旁人觀看，就無法做工作。

10.常會憂慮會不會失敗。

11.心情或感情容易表露出來。

12.有時會對任何事情失去興趣。

13.與不認識的人講話會緊張。

14.在各種會場活動時，會率先在眾人前工作。

15.有時會想獨居自處。

16. 擬計劃不如早實踐。

17. 有把握在短暫時間內處理許多工作。

18. 只要認爲是正當的，不理別人如何一定做下去。

19. 常常被人故意冷落摒棄團體外。

20. 常會因憂慮而無法就寢熟睡。

21. 有時會因來客而感覺討厭。

22. 因無法下決心而失去機會的事情很多。

23. 興奮時會立即流淚。

24. 雖處在人群中，但有時會感覺孤獨寂寞。

25. 很少積極交朋友。

26. 爲集會或團體工作時，感覺樂趣。

27. 常會想別人做事的動機。

28 無法溫順文靜獨處。

29. 對任何人均能輕鬆回答。

30. 有時會不客氣的和長輩議論。

31. 很想出生在更不同的環境裡。

32. 遇到討厭的人，會避道而行。

33. 感情弱，容易受傷。

34. 常會憂慮會不會受別人打擾或阻礙。

35. 多後悔爲什麼不早點下決心。

36. 有時會想自己爲一不中用的人。

37. 不喜歡做引起他人注意的事情。

38. 與人相處時，總想喜歡多聽少說。

39. 做事（實踐）前，多會重新加以考慮。

40. 常會想找刺激。

41. 遇到困難時，能保持明朗的心情。

42. 衝動性（無法控制自己）。

43. 相信如果沒有別人共處時，一般人均會偷懶。

44. 會幻想不可能存在的事情。

45. 具有關心別人品行（行爲）的性質。

46. 在別人前面，會臉紅而常感困惱。

47. 心情常會動搖不定。

48. 有時會沒有理由而感覺心理不安。

49. 幾乎無法結交異性朋友。

50. 服務性職務或工作，都會請人代理。

51. 在會話中有突然思索的習慣。

52. 常會不經詳細思考就會訴之行動。

53. 可以迅速有條不紊的處理工作。

54. 受到無禮舉動時，不會置之不理。

55. 別人的親切行爲，似乎另有居心而感覺不安。

56. 頭腦清濁不定。

57. 好像有人窺視而感覺不安。

58. 常會受自卑感的煩惱。

59. 有時會因小事而受大驚。

60. 常常會浸於沉思中。

61. 喜歡與人廣泛交際。

62. 在長輩前面會緊張。

63. 對任何事情如果不加以思考，好像過意不去。

64. 常會與人喧嘩歡鬧。

65. 工作速率比別人快。

66. 平凡的生活，不如做有變化的工作。

67. 相信人是為利慾而工作的。

68. 常常因不能入睡而煩惱。

69. 雖是一點小事，也會妨礙工作的進行。

70. 羞做和他人不同的事情。

71. 有時注意力分散，無法從事完整的思考。

72. 常會反悔過去的失敗。

73. 與任何人均能談話。

74. 待人處事退縮不前。

75. 具有細心謹慎的性質。

76. 喜歡多講話。

77. 生氣蓬勃。

78. 容易發怒。

79. 多不滿。

80. 有時想向某人訴出心底的話。

81. 神經敏感。

82. 有立即心慌不知所措的性質。

83. 心情容易變化。

84. 時常感覺疲勞。

85. 無法交成新朋友。

86. 善於待人。

87. 常有沉思的習慣。

88. 喜歡熱鬧歡樂。

89. 立即能適應新事象。

90. 受到輕視時，立即會發怒。

91．有時想要打聽別人的心情。

92．有時會茫然無所作爲。

93．憂慮性。

94．遇到困難時，意志會挫折。

95．容易興奮。

96．心情常會憂鬱不清。

97．寡言。

98．怕羞。

99．具有從容不迫不拘小節的性質。

100.具有迅速會意的傾向。

101.通常大致心情良好。

102.很想從事各種活動。

103.懷有不想被他人觸及的秘密。

104.沉溺幻想是一種樂趣。

105.嚴肅、倔強、頑固。

106.對任何事情均無信心。

107.心情會立即變壞。

108.有茫然思索的習慣。

109.處在衆人面前，不會慌張失措。

110.在衆人面前講話，時常會躊躇。

111.具有深思各種事物的傾向。

112.具有輕易待人的性質。

113.動作極爲靈敏活潑。

114.無事可做時，想要求強烈的刺激。

115.別人不肯十分賞識（認識）我。

116.雖然坐著，但是心情總不能安定下來。

117.雖是小事，也會傷心掛念。

118.不會遲疑，能很快下決心。

119.感情性。

120.時常會精神不振。

二、Y－G性格測驗回答表

Y－G性格測驗回答表

校名		系科	學年	所屬運動	代表位置經驗		專長	或位置		職位	隊長	管理	正選	候補	其他
姓名		年齡	既往症	開始運動時練動期	小學中國高中大學		年級	過去最高成績							

填記須知：依順序熟讀問題後，認爲對的請在下表方內畫「○」，不對的畫「×」，無法決定的畫「－」並請依號碼順序填記淸楚。

表1－(1)

（測 驗 回 答 表）												原分	尺度
ㄅ	1	13	25	37	49	61	73	85	97	109			S
ㄆ	2	14	26	38	50	62	74	86	98	110			A
ㄇ	3	15	27	39	51	63	75	87	99	111			T
ㄈ	4	16	28	40	52	64	76	88	100	112			R
ㄉ	5	17	29	41	53	65	77	89	101	113			G
ㄊ	6	18	30	42	54	66	78	90	102	114			Ag
ㄋ	7	19	31	43	55	67	79	91	103	115			Co
ㄌ	8	20	32	44	56	68	80	92	104	116			O
ㄍ	9	21	33	45	57	69	81	93	105	117			N
ㄎ	10	22	34	46	58	70	82	94	106	118			I
ㄏ	11	23	35	47	59	71	83	95	107	119			C
ㄐ	12	24	36	48	60	72	84	96	108	120			D

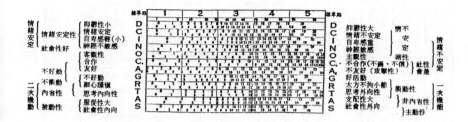

圖4　Y－G性格測驗Profile

三、Y－G性格測驗結果的整理法與分析

㈠整理法

　　依據受測者在回答表內所做「○」「×」「－」等記號計算S、A、T、R……D等尺度的原分。不過在紅粗線框外的「○」號是2分，「×」號是0分，「－」號是1分，而在紅粗線內的是「○」號是0分，「×」號是2分，「－」號是1分。（請見表1－⑵示例）算出各尺度原分後，將各尺度的原分點進圖4Y－G性格測驗側面圖（profile）裡，再以紅線連接成側面圖。不過受測者如屬男性，須將各尺度的原分點在側面圖（profile）各尺度，例如D、C、I、N……D之上層字上，如屬女性應點在同尺度下層數字上，然後再以紅實線連成側面圖（圖4－⑴）。

表1-(2)　整理示例（測驗回答表）

												原分	尺度
ㄅ	1 O	13 X	25 X	37 O	49 X	61 O	73 O	85 X	97 X	109 X	16	S
ㄆ	2 X	14 O	26 —	38 O	50 X	62 X	74 X	86 O	98 X	110 X	17	A
ㄇ	3 O	15 O	27 O	39 O	51 O	63 X	75 X	87 O	99 O	111 O	6	T
ㄈ	4 O	16 O	28 X	40 O	52 X	64 X	76 O	88 O	100 O	112 O	14	R
ㄉ	5 O	17 O	29 X	41 O	53 O	65 O	77 O	89 O	101 O	113 O	20	G
ㄊ	6 O	18 O	30 X	42 X	54 O	66 X	78 X	90 X	102 O	114 O	10	Ag
ㄋ	7 X	19 X	31 X	43 X	55 X	67 X	79 X	91 X	103 O	115 X	6	Co
ㄌ	8 O	20 X	32 X	44 X	56 X	68 X	80 O	92 O	104 X	116 X	4	O
ㄍ	9 X	21 X	33 X	45 X	57 O	69 X	81 O	93 X	105 O	117 X	6	N
ㄎ	10 X	22 O	34 X	46 X	58 X	70 X	82 X	94 X	106 O	118 X	4	I
ㄏ	11 X	23 X	35 X	47 X	59 X	71 X	83 X	95 O	107 O	119 O	4	C
ㄐ	12 X	24 O	36 X	48 X	60 O	72 X	84 X	96 O	108 O	120 X	6	D

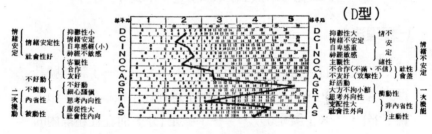

圖4-(1)　S生Y-G性格測驗Profile

㈡分析法

　　經上述手續整理後，可根據下列基準分析該受測者的性格類型：

　　1.依據新修訂Y-G性格測驗結果可將profile所顯示的性格類型分為A、B、C、D、E及F等六型。A型稱謂平均型（Average type），B型稱謂黑名單型（Black list type），C型稱謂平靜型（calm type），D型稱

謂領導型（Direct type）， E型稱謂緊張型（
Eccentric type）。

2.判定屬於何型的依據是以所得的尺度原分在A、B、C、
D、E等範圍內的尺度多寡而定。

Y-G測驗結果的各系統值算法如下：

A系統值是profile中央（標準分3）上下的尺度數，B系
統值是profile右側（標準分4、5）上下的尺度數，C系統值
是profile左側（標準分1、2）上下的尺度數，D系統值是
profile左側（標準分1、2上半與右側（標準分4、5）下半的
尺度數，E系統值是profile右側（標準分4、5）上半與左側
（標準分1、2）下半的尺度數。（參照圖4-⑵）

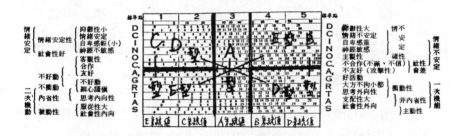

圖4-⑵　Y-G性格測驗Profile

例如以圖4-⑴為例，該受測者為女生S，由D、C、I、N
……順序觀察時可以發現，其十二尺度的得分中，位於D型範
圍內的有九個尺度是屬於D型（領導型）性格者。但是由圖4-
⑶之示例（男生L）可以發現該生的十二尺度得分中，位於E型
範圍內的有八個尺度是屬於準E型（緊張型）性格者。

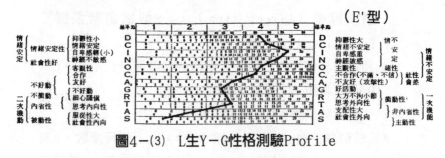

圖4－(3)　L生Y－G性格測驗Profile

再以圖4－(4)Y生（男）的側面圖來看，其十二尺度的原分有十一個尺度的原分位於標準分3，也就是A型的範圍內，由此可知Y生是典型的平均型性格者。

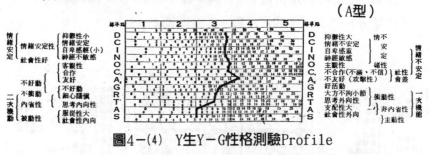

圖4－(4)　Y生Y－G性格測驗Profile

圖4－(5)W生（女）的十二尺度得分中，有九個得分在標準分4（也就是B型）的範圍內，因此可知W生是準B'型性格者。

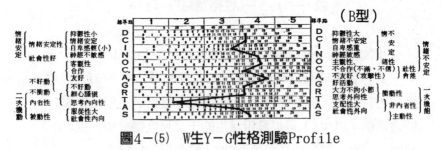

圖4－(5)　W生Y－G性格測驗Profile

㈢Y－G側面圖（profile）五種類型的性格特徵

1.A型（Average Type）：

稱平均型。本類型的尺度均屬平均，或接近平均者。換言之，是情緒穩定性、待人處事、想法等均不會走極端的凡人。A型可分爲A型（純型）、A'型（準型）、A"型（亞型）等。所謂純型是指十二尺度中有9個或9個以上尺度的數值在A系統內，如果A系統的尺度數在7～8個時屬A'型，6個時爲A"型。屬於A型者不論在任何方面的表現均屬中等，如其知能（I.Q）低而顯示平均型者，表示這種人屬缺乏氣力的被動性凡人。

2.B型（Black List Type）：

稱偏右型亦可說是不穩定適應性差而行爲積極型。屬於本類型者，情緒不穩定、社會性不佳、生性外向好動、但不易與他人和好相處。爲此容易採取反社會行爲，尤其環境不順或知能不高時容易訴之於暴力，因此定名爲黑名單型（Black List Type）。依據過去在少年鑑別所或監獄所實施的Y－G測驗結果，犯罪者的profile的平均都屬B型。

3.C型（Calm Type）：

稱偏左型，亦可說是情緒穩定消極適應型。屬於此類型者，其情緒相當穩定，具有適應社會性向，但待人處事內向消極。簡言之，是屬於溫順、不惹事的人。

4.D型（Diredor Type）：

稱右下型或穩定積極型。屬於此類型者，情緒穩定、社會適應良好或平均，具有積極活動外向的特徵。具有上述特徵者通常會採取良好有效且具調和、適應、穩定的行爲。擔任管理

眾人工作者，如具有這種性格特徵者，可能會收管理著效。

　　5.E型（Eccentric Type）：

　　稱左下型或不穩定不良適應消極型。本類型的性格特徵剛好與D型相反，其情緒不穩定、社會適應不良、不愛活動、凡事消極內向。換言之，性格的不良面會隱沒在內心的類型。典型的E型者，容易變成神經衰弱或情緒多變、事事憂天愁命者。

㈣Y－G側面圖（profile）的示例

（引用至辻岡美延著新性格檢查法……Y－G性格檢查實施、應用、研究手引……P.23～32）

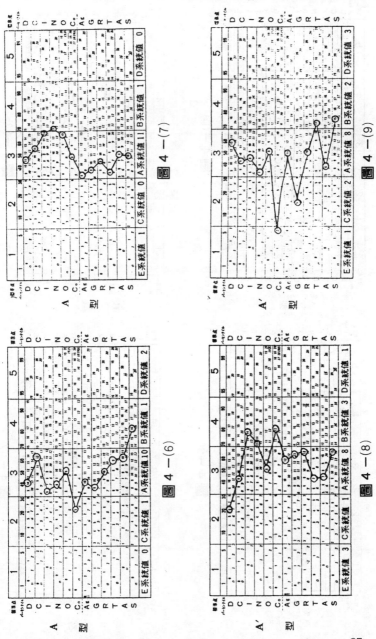

圖 4 —(7)

圖 4 —(9)

圖 4 —(6)

圖 4 —(8)

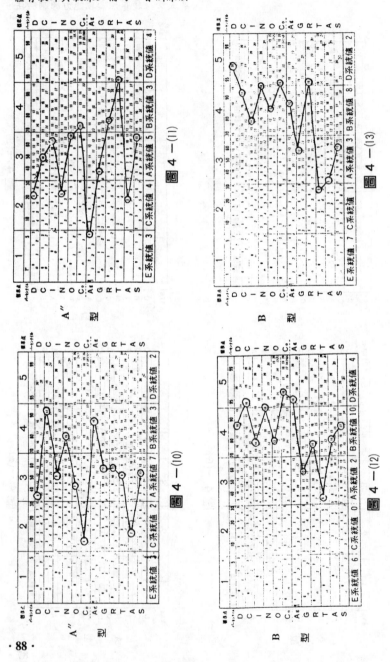

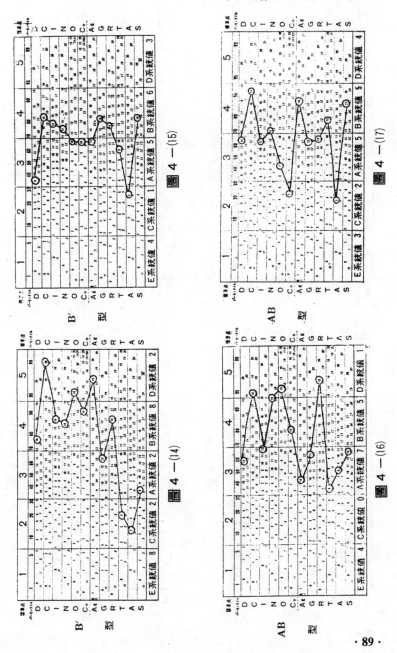

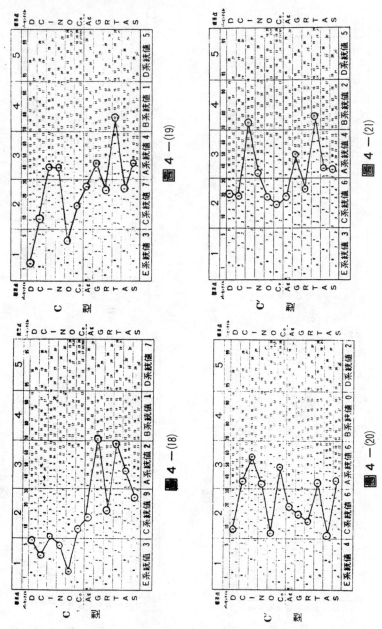

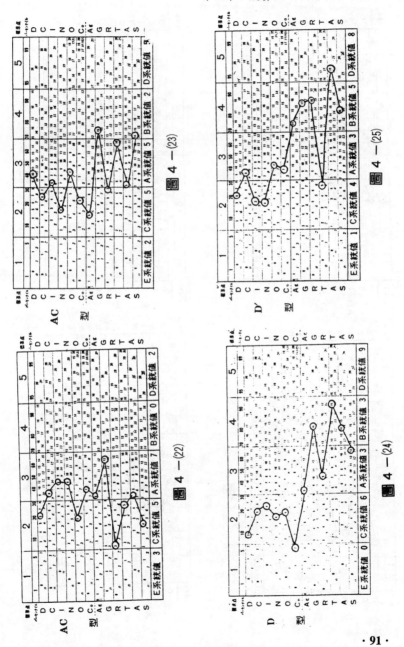

圖 4 —(23)

圖 4 —(25)

圖 4 —(22)

圖 4 —(24)

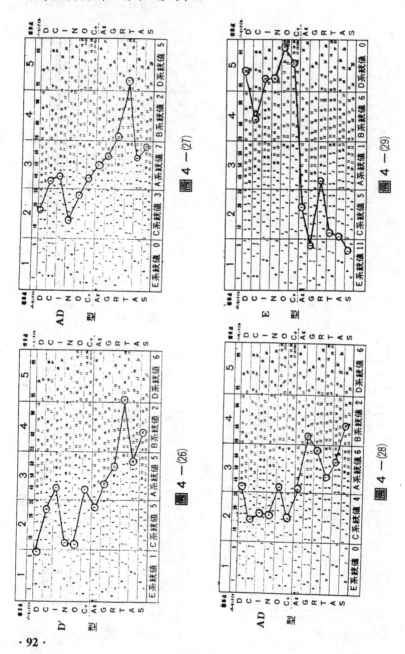

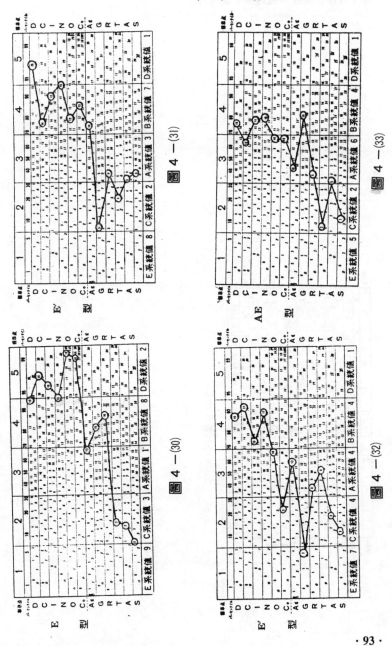

図 4 —(31)

図 4 —(30)

図 4 —(33)

図 4 —(32)

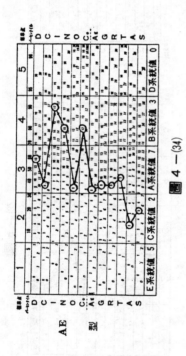

圖 4 —(34)

肆、u－k精神診斷測驗[15]

　　u－k精神診斷測驗的全名是內田・克烈柏林精神測驗
（uchida-kräpelin psychodiagnostic test）。本測驗是
日本大學教授也是日本精神技術研究所所長內田勇三
郎，於一九二○年代時受啓於德國精神病學家克烈柏林
（kräpelin）的個位數連續加算法，而於一九二四年所創的
一種精神作業測驗。目前將本測驗簡稱爲u－k測驗。u－k測驗
經數十年的不斷研究與改進，目前廣被日本各界所採用。筆者
曾於一九六○年赴日本東京教育大學進修時，曾師事本測驗之
專家，東京教育大學教授小林晃夫及日本精神技術研究所所長
內田勇三郎指導。尤其小林晃夫的細心指導給與筆者奠定好分
析u－k測驗結果的基礎。完成進修回國後，將u－k測驗運用在
大專學校學生與競技運動選手上，以供分析學生或選手們的人
格特徵（類型）與精神健康度，做爲教學或訓練時教師、教練
們的參考。也自一九八六（民75）年起，每年在日本體育學會
大會發表採用u－k測驗的研究結果而獲得彼邦人士注意。茲爲
提供教練參考起見，介紹u－k測驗方法與價值如下：

一、u－k精神診斷測驗的特性：

　　本測驗屬於作業性測驗，方法是在規定時間內從事個位數連續加
算，可以隨時隨地實施，不受測驗「時」與「地」的限制。

---

[15]　內田勇三郎、小林晃夫共著　內田・クレペリン精神檢查法手引　日本
　　精神技術研究所　1951年9月

二、測驗的實施順序與整理法

1.測驗場所：

教室、圖書館、禮堂等光線充足，環境安靜的地方均可。

2.測驗時應準備用具：

每人2支HB硬度的鉛筆，碼錶2個，測驗用紙。

3.實施時間：

全天任何時間均可。不過最好能在疲勞較少，精神較佳的上午八時至十時之間爲宜。

4.測驗方法：

(1)除鉛筆2支外，在桌上不可放置任何物品。

(2)由施測者發放測驗紙，受測者收到測驗紙後將註有練習兩字朝左上方放置在桌上。

(3)由施測者說明測驗（作業）方法。

本測驗的目的在了解受測者本身的人格特徵（類型）與精神健康狀態，是不包含其他好壞、是非等價值在內。具體測驗方法是①是個位數的連續加算法，但開頭的個位數開始，將相鄰的兩個個位數加起來，把其和數寫在該相鄰的兩個個位數中間下面。作業時必須依順序一個加一個連續不斷的做加算作業。②作業中，如發現答案寫錯時立即以鉛筆斜畫一筆，並在右下方再寫正確的答數。③作業時應順序進行，中途不宜停頓，跳算或跳行。如果發現跳算或跳行則不必回頭重做，應依序向下續做，④本測驗（作業）開始後先行練習5行作業，第一行40秒，第二至五行各20秒，包括練習換行的動作在內。⑤

正式測驗（作業）由上段的前期作業之第一行開始，每行作業60秒，連續做15分鐘前期作業。⑥完成前期作業後在原地靜息5分鐘，⑦休息五分鐘後聽信號再以相同作業方法做15分鐘的後期作業。⑧最後填寫各項記載欄。

5.整理方法：

完成測驗（作業）後依下列程序做整理。

⑴首先檢查前、後期作業中之第11行的做答內有無錯誤（已改正者不計），如有，將錯誤答數以阿拉伯數字填在作業卷右端之「誤」欄內。

⑵以紅原字筆或紅色簽字筆連結各行實際作業尾端之數字，畫出作業曲線。最後由最下面一行向上擠畫。如有跳算可向左側推移（跳算數少時可免向左推移）。如果該行作業超過時間時，應以下列公式計算該行的作業數目，其公式是 $\dfrac{實際作業量}{超過時間} \times 60$。在實際測驗時，除非施測者的計時發生超過或不足等現象，絕不會發生不足或超過時間之事。

⑶以藍色簽字筆畫作業量等級，也就是 ⓐ、a、b、c、d 等五級。

⑷在各行右端記錄各行作業數，然後求出前、後期平均作業量（求至小數點1位），再以前期平均作業量爲分母，求出後期平均作業量的增減率。求至小數點1位數。

6.測驗結果的分析要點

⑴仔細觀察前、後期作業曲線的形態。

(2)前、後期作業量的等級。

(3)有無錯誤？如有錯答，錯多少？

(4)字跡端正與否，字形大小，筆調的良莠與筆壓輕重。

(5)作業曲線的凹凸程度。

7.本測驗的價值

(1)本測驗結果，可以分析個人的人（性）格特徵。

(2)由本測結果可以看出個人或團體的精神健康程度。

(3)依據本測驗的結果，可以輔導受測者的就業適應性或就
　　業方向。

(4)可預防各種因精神因素所引起的傷害。

8.u－k測驗用表（表2）（請見次頁）

三、u－k測驗結果的人（性）格類型與特徵，及精神健康程度的區分

　　日本小林晃夫教授從事數十年的u－k測驗研究，對於人
（性）格的分類亦有獨特的看法。小林晃夫教授的分析是由
1.人際關係與社會行為，2.觀念與想法，3.工作速度與效率，
4.情緒與意志等四個角度進行❶。筆者曾於1960年留學東京教
育大學時，師事小林晃夫教授專攻體育心理學。此時研究u－k

---

❶　小林晃夫　曲線型の話　人間育成の道しるべ　東京心理技術研究會
　　昭和49年12月

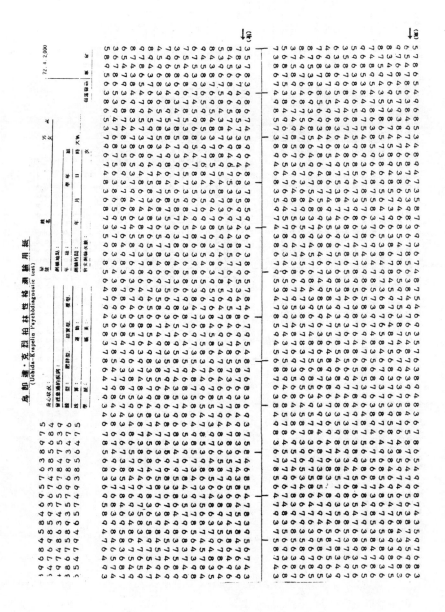

測驗的實施，分析與應用等。因此對小林晃夫教授之性格類型與特徵有相當心得。茲介紹如下：

第1型（溫順型）：

屬本類型者，一般來說為人溫順，其社會性平平、想法中庸，不偏極端，工作速度不緩不疾，工作效率尚可，情感可適當的表露，意志力平平。屬這一類型者心理健康程度升高時，待人處事會積極，工作速度與效率會提高些，但仍不會走極端，情緒的表現也不會激烈、意志力的表現也會較堅強些，但是心理健康程度降低時，待人處事會消極，常常退縮不前，想法消極保守，不敢挺身一試，情感內含，意志力不堅定，容易受他人影響。

第2型（神經質型）：

屬本類型者，待人處事相當的敏感仔細，想法週詳、善計劃，工作速度慢而謹慎，效率不差，情感內含不易表露，但內心相當善感多愁。意志力平平。屬這一類型者的心理健康程度升高時，待人處事雖然會積極些，但仍然相當謹慎仔細，凡事會三思而後行，處事時必須多方面考慮始能著手。做事時有周密計劃，並具有強烈責任感。當事成後會有謹慎的滿足，但不會得意忘形。但是心理健康程度降低時，對待人處事會畏縮不前，凡事會猶豫不決，自我煩惱。滿腦中充滿各種思維而遲遲無法下決心。因此人際關係愈形消極，工作速度慢而效率不彰，意志力更形薄弱。

第3型（躁鬱型）：

本類型又可分為四型，3－(1)是輕躁型，3－(2)是慢條斯理

型，3－(3)抑鬱型，3－(4)循環型。

3－(1)型（輕躁型）：

爲人相當外向活潑，想法積極重現實，此型人無心機，做事速度快效率亦不差，情感易露，意志力平平。屬本類型者，如其心理健康程度升高時，待人處事的態度更形積極，會給他人熱情親切之感。對任何人接觸時會有百年知己之感，工作速度快，效率尤高，喜、怒、哀、樂等表現極爲強烈，但是意志力平平。至於心理健康程度降低時，雖然仍能與衆人和好相處，但是工作效率會降低，常會有虎頭蛇尾現象。本身的行爲極易受他人影響，失去本身的主意而隨風漂流，更不能專注一件事情而貫徹始終。

3－(2)型（慢條斯理型）：

爲人溫和容易和他人來往，想法俱實積極，但是做事速度不像3－(1)的迅速，效率不差。情感易露，意志力平平。屬於

此類型者，如果心理健康程度升高時，待人處世相當積極，也能在較短時間處理不少工作，富同情心，喜怒哀樂會明顯的表現出來，意志相當堅強。但是心理健康程度降低時，無論待人處事均會有消極畏縮不前，會有欲言還休之狀，對工作的意願降低，速度與效率均下降，情感較內含，意志力會減弱。

3－(3)型（抑鬱者）：

爲人內向寡言，不善交際。想法雖然重實際，但不易表達出來。工作速度慢，效率平平，情感內含不易表露，常會藏在心中，意志力平平。當心理健康程度升高時，精神與態度會稍明朗，但仍然話不多，做事速度雖然不快，但是仔細，效率不

差，喜怒哀樂也會有適當的表現。心理健康程度降低時，待人處事會消極不前，爲人沉默寡言，事事悲觀怨天尤人，自認生活無望而每日沈悶於灰暗消極的生活中。

3－(4)型（循環型）：

具有明顯的明朗活潑與憂鬱沈悶的雙面性格特性，並且這種性格特性會循環。其循環周期可分爲半天期、隔日期、一週期、半月期、季節期與不定期等。明朗活潑時其言行易顯現出3－(1)的特性，也就是說，待人處世活潑積極，人際關係良好，能言善道，工作速度快，效率高，興趣廣泛，任何事均能涉及。情感易露，富同情心，亦願意盡力助人，但意志力平平。憂鬱沈悶時，其待人處世消極內向，凡事不欲參與，自認事事不如意而自悲。工作速度慢。甚至會放棄，情感內含，怨天尤人，一無是處。

第4型（實踐力行型）：

在本質上屬於躁鬱性格類型。但是其待人處世有獨特的見解並能貫徹。通常爲人熱情，較容易與人來往。想法極重現實，做事速度快、效率不低，喜怒哀樂極爲顯明，意志相當堅強。只要認爲對的，會不計後果貫徹到底。心理健康升高時，會成爲團體的領袖，凡事能憑個人的能力判斷，並付其實行。其待人亦重義氣，也相當厚道，常會爲信義而拼到底。但是心理健康程度降低時，容易陷入剛愎自用，固執其意，特立獨行，不計後果。

第5型（寡言篤行型）：

屬本類型者，人際關係平平，待人處世較沉默寡言。想法

俱實。工作速度不快，但能堅持到底，情感豐富，但內含不易表露，意志相當堅強。心理健康程度升高時，比較容易和衆人交往，也能交換意見，做事前所考慮的時間較短，速度快效率高並且能堅持到底。但是心理健康程度降低時，不易和衆人交往，想法偏激固執，不易妥協。處事前會拖一段時間，工作速度慢效率低，適應新環境的速度會減慢許多，情感內含不易表露。

第6型（坦率實踐型）：

屬本類型者爲人明朗坦率，說到做到。想法俱實，領域亦廣。做事速度快，但效率平平，情感易露，意志力平平。當心理健康程度升高時，具有快人快語，說做即做的表現，亦能兌現諾言，負責到底。但是心理健康程度降低時，常會有言行不一致，虎頭蛇尾現象。對人的諾言無法兌現而失信於人。

第7型（內面安定型）：

屬本類型的人，無論待人處事均不會走極端，想法重現實亦有理想，做事速度雖不快但相當穩定確實，情感亦能適度的表露出來，意志力不弱。心理健康程度升高時，待人處事會更積極，做事更穩重而效率高，雖非領袖型，但可以發生穩定力量。這一類型者心理健康程度能保持中等或中等以上，極少有降低情形。

第8型（分裂型）：

分裂型又可分爲8－(1)型（熱中型），8－(2)型（不關心型），8－(3)型（自閉型），8－(4)（敏感型），8－(5)型（停電型）等五種。

8－(1)型（熱中型）：

待人處事具強烈選擇性，當選擇某人或某事後，會不顧任何障礙貫徹初衷。做事速度視熱中程度而定，必須能使自己認可，始會推進預定進度。待人處事時不太會受別人的影響，會我行我素貫徹到底。

8－(2)型（不關心型）：

又稱遲鈍型。待人處世極為消極，除自己所想以外幾乎不關心世上任何事情。工作速度慢，效率視心理健康程度而定。情感內收，幾乎面無表情，意志力視個人的興趣而定。屬本類型者，如其心理健康程度降低，不論對人或做事更會消極不前，會有終日不理睬，靜坐不動的現象。

8－(3)型（自閉型）：

屬於本類型者，不論待人處世均具顯著的選擇性與自閉性。想法重理想，有獨特想法與行為。不重視人際關係，也不會積極的開拓社會關係，表現自我。做事速度不快，其效率如同其他分裂性格一樣視個人的志趣而定。當心理健康程度降低時，更會將自我封閉在狹小的自我生活空間，不會與他人來往。

8－(4)型（敏感型）：

待人處世極為敏感。但是均以自我為中心著想。由於神經極為敏感，做事效率不高，速度亦慢，常會為自己而煩惱，甚至在本身中認定另有他我而相互矛盾。情感內含不易表露。意志力平平。心理健康程度降低時，可說終日會神經兮兮的終日不安，一無是處。

8-(5)型（停電型）：

除具備有一般分裂性格特性外，在思考或言行時有時會有中斷現象。其情形猶如發亮的電燈突然停電，腦裡呈現一片空白。尤其心理健康程度降低時，這種言行中的停電行為會更加嚴重，甚至會發生意外。

第9型（自我顯示型）：

屬本類型者社會性相當積極，但是其人際關係為以自我利益為出發點，會使人感覺冷漠無法深交。想法相當功利，重現實問題。工作速度快慢不定，效率平平。由於為人較自我中心又任性，所以凡事會有想不到的突然性言行。會有明顯的喜怒哀樂等情緒表現，意志力相當強。當心理健康程度升高時，由於能言善道，也會以各種方式表現自己良好的一面，因此容易引起眾人注意。同時為顯現自己會努力做事，故做事速度快效率又高，容易受一般人所肯定。但是心理健康程度降低時，無論待人處世會完全以自己的利益為出發點，極重視功與利，不顧公益。做事求自我表現，為獲得眾人青睞，甚至會不擇手段以滿足私慾。

第10型（固執型）：

屬本類型社會性平平，通常較為循規蹈矩，不太會有越軌行為。想法俱實，思維領域較專也較窄，觀念較為保守。做事速度慢，尤其想做至著手工作須有一段時間。但是著手工作後一定會堅持到底。一般來說適應新環境的速度較慢，但意志力相當強。心理健康程度升高時，待人處世會積極，但仍然不太會站在眾人前宣揚自我，屬默默實踐預定工作，遭遇難題時亦

能多方思考設法突破，尤其貫徹始終的意志力相當強。但是心理健康程度降低時，待人處事會消極只顧守本分，情感內含，工作效率降低，甚至會有固執己見的言行，完全無法與他人妥協共事。

　　u－k測驗不僅可以了解每一位受測者的人（性）格類型與特徵，如受測者為學生，亦可由作業量及作業曲線了解其學業成績。一般來說屬躁鬱性格者，其各科成績較為平均，屬分裂性格者有偏向某科之傾向，但是成績會受精神健康程度的影響。精神健康程度升高時學業成績會進步，降低時相反。

　　至於受測者的精神健康度是依據受測者所完成的作業量、後期增減率、作業曲線、誤答數、跳格、跳行等多寡而制定。u－k測驗的作業量分五級@級是前期各行作業量在55以上，後期各行作業量在65以上者，a　級是前期各行作業量在40～55之間；後期各行作業量在45～65之間；b級是前期各行作業在25～40之間，後期各行作業量在30～45之間；c級是前期各行作業量在10～25之間，後期各行作業量在15～30之間，d級是前期各行作業量在10以下，後期各行作業量在15以下者。針對多數受測者實施多年的u－k測驗並予統計結果，具有高度精神健康者其後期平均作業量均比前期作業量增加10～25％。後期作業量的增加率小，甚至有減少者，其精神健康程度不佳。判定精神健康程度的第二個著眼點是作業曲線的形狀，愈是類似典型的作業曲線，其精神健康程度愈高，否則相反。至於誤答數或跳行（格）多者，其精神健康程度低。綜合上述分析後可將精神健康程度區分為高、中上、中、中下、低等五等。

　　站在另一角度來說，u－k測驗是一種適應性測驗，在日本各大企業招考人員時，多併用u－k測驗以資了解應聘者的人格特質與精神健康程度，並依其特徵考慮是否適合該企業公司業務之需要。

第六章　加強競賽能力的方法

祇要志向競賽運動的選手，人人均會想加強運動競賽能力，不斷提升成績或精進運動技術水準以便克敵致勝。茲為提供教練與選手參考，引用相關文獻或研究結果，介紹加強競賽能力的方法如下：

壹、成立或加強運動科學支援的體制

人人皆知，在今日的各項運動競賽上想要擊敗對手，樹立更佳成績，不能僅靠過去的土法鍊鋼型的主觀意識的苦練。必須採用運動科學原理所創之合理訓練法才能加強綜合性及專項體能，高超的運動技術與堅強的精神機能。同時參加比賽時能完全發揮選手個人或團體的心、技、體等綜合能力始能克敵致勝，達成預期目標。

運動選手想提升心、技、體等各種競賽能力時須先具備相關知識與方法。為此，有必要聘請運動生理學、運動力學、運動心理學、運動醫學、運動經營管理等學者專家擔任訓練強化委員，不時審查各單項協會所提選、訓、賽等計劃並分別前往各單項協會協助教練訓練培訓選手。但是受各強化委員本身有本職，其強化委員又屬兼任工作，因此無法跟隨同一培訓隊，不斷提供運動科學理論與方法的支援而致使培訓成績受影響。

民國八十七年中華民國體育運動總會隨著會長改選後，總會本身的組織亦有所改變，取消競技運動強化委員會組織而成立運動競技咨訊委員會與運動科學小組，以加強各項運動選手的培訓工作。

　　如言選手培訓所需要的運動科學支援，依其領域可分為擔任運動技術輔導的生物力學，體能輔導的運動生理學，競賽性心理輔導的運動心理學，營養輔導的運動營養學，傷害輔導的運動醫學等。上述運動科學家應在各培訓隊組織下成為教練團的一部份或擔任教練咨訊工作以協助並提升培訓效果。日本九州大學教授德永幹雄曾在所著《志向最佳比賽的心智訓練》中第五章提及支援運動訓練的運動科學體制如下❶

表3

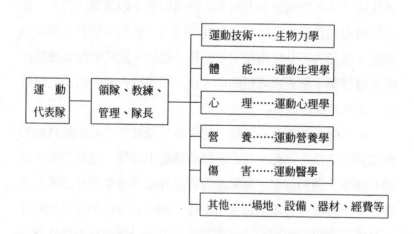

❶ 德永幹雄　ベストプレイへのメンタルトレーニング（p154）　大修館書店　1996年6月

　　德永說，日本的滑雪、速度溜冰等所謂能維持世界頂尖水準的競技運動團體均擁有上述運動科學的支援體制。如果無法成立上述運動科學支援體制時，各該團體的領隊、教練、管理等本身應自我進修，以加強運動科學的理論與方法不可。

貳、診斷、評量所屬運動選手的競賽能力

　　充實訓、賽所必須具備的運動科學支援體制後，首先要做的是採用客觀方法診斷、評量所屬選手的競賽能力。診斷、評量運動選手的競賽能力可分技術、體能、心智能力等三方面進行。茲分述如下：

一、技術的診斷、評量：

　　可採用攝影法、記錄法、自然觀察法等診斷選手在平時訓練時或比賽時所表現的優點與缺點，並且依個人的技術層次、明確認定成功與失敗點。必要時可數量化後予以統計，以做為技術改進的依據。在診斷、評量運動技術時，最好能請選手共同參加，使其能徹底了解各該選手的優缺點，並加強力求改進之動機。

二、體能的診斷、評量：

　　可定期（最好能在培訓前、培訓中期、培訓末期，或準備期、鍛鍊期、調整期、比賽期）測量身高、體重、胸圍、小臂圍、大（上）臂圍、小腿圍、大腿圍、皮下脂肪、骨密度；測

驗肌力、耐力（有氧、無氧）、瞬發力、柔軟性、敏捷性、平
衡性，然後與同項一流選手比較，或比較個人的變化情形。

三、心智的診斷、評量：

可定期實施下列各種心理測驗法；例如競賽性心理能力測
驗（DIPCA.2），心理性成果診斷測驗（DIPP.1）。除外可依
實際需要採用競技意願診斷測驗（TSMI），Y－G性格測驗，u
－k測驗，運動競技不安測驗（SCAT），運動競技狀態不安測
驗（CSA2），波夢斯氣分測驗（POMS），東大式埃哥克測驗
（TEG），運動團隊測驗（SPTT）等問卷式測驗，以供診斷或
評量選手的心理狀態。也可以透過錄影帶、記錄簿等觀察選手
在比賽中的動作、表情以診斷其心理狀態，最近所流行的腦波
或測量皮膚溫的biofeed fack機器法也是診斷、評量專注
力、放鬆的有效方法。

除上述心、技、體的診斷、評量外，還得注意營養、生
活、醫學等各方面的診斷。爲此，攝食調查、驗血、營養診
斷，運動負荷下的心電圖、血壓測量等均不可缺。爲完成上述
各種測驗、測量、檢查，必須與各級衛生保健機構取得密切連
繫，以便定期或不定期的進行檢查、測驗。

參、設定目標與達成目標的方法

設定目標是加強行爲動機的具體方法。沒有目標的行爲會
失去著力點是眾人皆知的事實。運動選手想在訓練或比賽有優

異的表現，必須從事長時間合理的訓練，並且累積多次的比賽
經驗才行。爲此，如想提升運動競賽能力，必須先訂定具體的
目標，然後選擇能達成目標的方法始能如願以償。依據洛克
（Locke， EA）所提倡的「目標設定理論」已知設定目標的效
果如下：

一、訂定明確且較高的目標

　　比起訂定容易或不明確的目標時，其所得業績要高。但是
這些較高且正確的目標必須被每個人所能接受的。日本角山、
松井等曾以大學生爲對象從事有趣的實驗。角山、松井等以大
學生爲對象，將作業能力相等的大學生分爲兩組，使其從事十
分鐘的作業（從一題50個數字中找出特定的數字，並且計算其
字數有多少個）。實驗前，給設定目標組「在十分鐘內解答90
題以上」的具體目標，給最佳目標群「在十分鐘內，盡量解答
很多問題」的目標。之後調查每個人以何種速度進行作業。實
驗的結果如下圖5：

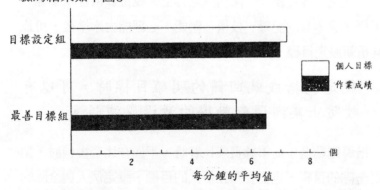

　　圖5　明確而高目標的效果（依角山、松井的實驗）[18]

[18]　若林・松原編　組織心理學　福林出版　1991年

　　由實驗結果可知，個人目標平均值以設定目標組為高，再以實際作業成績來說，設定目標組的成績也較高。作業後調查達到目標的設定目標組中的組成分子時，確認其目標較為困難。由上述實驗結果似可證明給與明確且難度高的目標時，個人的目標會提高，其結果也會好轉。

　　通常教練在運動比賽時會給選手勉勵，其使用的語言，多為「盡全力以赴吧」！這種勉勵語，欠缺具體性，以設定目標的原理來說，似不太妥當。設定只要努力就可達成的具體目標時，始能提升競賽意願。

二、具體目標配合適當的回饋時

　　可以改善引起動機的效果。尤其對進步速度較慢者，達成需求高者，高度凝聚性群，給予適當的回饋訊息時可以改善業績。例如，在訓練中給選手們評量他們的現有記錄、技術、體能、心理能力等在國際、國內或地方上來說位於何種水準等。選手們了解本身的記錄、技術、體能、心理能力水準後，可以依其重新設定目標，提升練習意願。

三、設定包括成就回饋的明確目標時，可以有效防止集團運動動機的衰退或減弱。

　　指導運動選手從事練習或比賽時，不僅在比賽後檢討，須針對全隊的目標，也需要修正個人的目標，設定個人與全隊的新目標，始能預防全隊隊員的動機減弱。換言之，賽後指導選手設定新目標是教練的重要任務之一。美國運動心理學家馬頓

（Martens, R）提出設定目標的效果如下：

1.目標可促進成績。

2.目標可提升練習的品質。

3.目標可明確的提出願望。

4.目標可透過有效的訓練而能避開倦怠感。

5.目標為求達成而增強內發性動機。

6.目標會增強滿足感、自尊、自信心。

美國運動心理學家古爾度（Gould, D）為發揮最高成績（最佳的表現、動作、技術），提出下列十一項設定目標的方法：

1.設定記錄或以行為可以表現的目標。

2.設定雖然困難，但屬現實性的目標。

3.不僅設定長期目標，也要設定短期目標。

4.所設定的目標並非是結果性目標而是動作（Performance）的目標。

5.設定為練習或比賽的目標。

6.設定積極的目標而並非消極的目標。

7.明確訂定達成目標的日期。

8.明確表示達成目標的方法。

9.表示明確目標。

10.事先擬好目標達成的評量法。

11.為達成目標，事先應準備好各種支援事項。

遵守上述要點，設定下列內容的目標：

㈠開訓時的目標

1.個人目標：

包括長、中、短期的目標。

長期目標以各該選手以各該選手在最後想成爲何種選手爲目標；中期目標是指練習至多少歲時想成爲何種層次的選手爲目標；短期目標，以一年後做目標。若以具體的短期目標做爲設定例子時，即如下：

短期性Performance的具體目標，可包括技術、體能、心理等擬做到的行爲、記錄等具體目標，例如握力爲60kg，專注力的提升等。其次再設定達成目標的訓練方法，自我宣言等。設定目標時如能採用表格化即更好。例如下表（運動選手的目標設定表）

2.全隊目標：

如同個人目標，應包括長、中、短期目標。而短期目標須具體化，短期目標須先設定本年度的目標。其內容應包括本年度所參加的比賽有那些？擬獲某某大會第幾名，團隊攻守戰術中想要完成何種戰術？平時練習特別留意技術、體能、心理等各面的什麼地方等，可參照個人目標的設定事例，擬訂團體或全隊目標。

㈡對比賽的目標

每次參加比賽時應明確區分結果性目標與行爲目標，並予以確認。參加比賽時如能確認個人與全隊的目標時，比較容易給個人及團隊明確的行爲方針並採取有效的比賽行爲。在賽前

如能鼓勵每位選手填寫目標設定表時，參加比賽時，更能集中精神，全力以赴。

表4　運動選手的目標設定表

姓名：＿＿＿＿年齡：＿＿＿＿（歲）性別：＿＿＿所：＿＿＿＿

運動項目：＿＿＿＿＿＿＿＿填表日期：＿＿＿年＿＿＿月＿＿＿日

1.自行填寫參加本屆比賽所預定的目標：例如得冠軍、獲獎牌、進入決賽等

2.針對參加本屆比賽的具體目標與達成目標的方法。

	具體目標	達成方法
(1)技術面的目標：		
(2)體能面的目標：		
(3)心理面的目標：		

3.如果達成上述目標時，對你來說有何好處，有何效果？

4.達成目標的過程中，可能有那些障礙、困難？而如何排除這些障礙、困難？

5.自行填寫，達成目標的自我宣言（標語、決心、誓言等

㈢賽後或季節後的目標修正

想要百尺竿頭更進一步的運動選手，在參加比賽或每過一

個季節之後，一定會虛心檢討該次比賽或該季訓賽之得失。檢討時應依據測驗、測量、記錄簿、VTR等客觀資料，以做深且眞正的反省與檢討，最後依檢討結果修正下次比賽或次一季節的目標。

站在選手的立場來說，參加比賽純獲勝是重要大事。但是除了獲勝的目標以外，在賽場上的行爲、動作上有無達到目標，也是重要的事情。因此如能以圖6方式檢討比賽結果即更理想。

勝 （ 比 賽 結 果 ） 負	雖勝，但並未達成目標。 失敗 → △	獲勝，且達成目標。 極成功 → ⊙
	輸，且無法達成目標。 慘敗 → ×	雖然輸，但是達成目標。 成功 → ○

圖6　賽後的檢討法

由圖6，可以了解在比賽時，不僅獲勝，亦達成預期目標時，可稱極成功，比賽結果雖輸，但達到預期目標時，仍算成功。相反的，雖獲勝，但在比賽中的行爲、技術等未達成目標時，不能算是成功而應算失敗而給△記號。如果比賽結果是輸，並且無法達成既成目標（技術、行爲）時，應評爲慘敗。

站在教練的立場來說，應對參加比賽後的檢討結果給予獎

懲，並且修正新的目標。最重要的是給與所屬運動選手充分的
自信心。指導運動選手儘量自行設定可達成的目標，並且善用
回饋訊息，以培養自主自發的選手，才是教練的最重要任務。

肆、提升運動選手的知性能力

教練是指導選手從事有效訓練及比賽的人。其本身當然須
具備豐富的專業修養。但是實際上參加比賽的並非教練而是選
手。在訓練或比賽，完全聽教練的指示運動者，其成就必有
限。最重要的是選手本身會針對訓練、比賽的目標、內容、方
法、重要性，能思考、判斷，並且積極的去實踐。在練習或比
賽場面，每位選手能自立自主，具有自我管理能力，從事積極
創造性活動者的選手才有希望。為此，如何提升選手們的知性
能力極為重要。教練可鼓勵選手多閱讀相關文獻或參加有關演
講、講習會等，充實運動技術、體能、心理、營養、傷害等所
必備的知識。

伍、引用心智訓練法

在過去幾乎所有的教練與選手僅靠體能訓練與技術訓練提
升運動成績，但是近年來不少運動教練與選手，除上述兩種方
法外，已開始引用心智訓練法，以大幅提升運動成績。所謂心
智訓練法是採用心理學方法加強競賽能力的方法。日本九州大
學教授德永幹雄所介紹的競賽性心理能力包括提升競賽意願的

能力，穩定並專注精神的能力、自信，作戰（比賽）能力與協調性。這些能力確可透過身體練習培養，但是亦可採用意圖體系性的心理學方法培養。其順序爲設定目標，放鬆及專注力訓練，使用意像訓練方式培養競賽性心理能力。在賽前就培養比賽時能發揮心智能力的行爲，比賽時透過認知，不斷應用賽前的意像反應，賽後虛心檢討並評量賽中的心理狀態、實力發揮程度、目標達成度等；然後依此修正今後的目標或找出今後的努力課題等。換一句話說，如想成爲一流的運動選手，必須身心併用，人際關係互動始能成功。

陸、常與實力相當或堅強的對手一起練習或比賽

對運動選手來說，「比賽是最佳的教師」。經過一段時間的練習或訓練，自認爲技術、體能、心理已達相當水準時會參加比賽。但是比賽的對手眾多，有實力堅強的、有平平的，亦有薄弱的。但是只要有意的比賽，不論與何種實力的對手比賽，多會有不少心得。可從比賽中發現本身或本隊的優點與缺點，也可以發現對手或對象的優缺點，並且如何因應的策略。

尋找對手或對隊一起練習或比賽時，初期以實力相當的爲宜，過了一段時期而有若干經驗時再找實力稍超過本身或本隊的對手。如是可使選手體會經相當努力才能「勝」的眞義。換言之，宜選擇能透過比賽獲得「獲勝→增加自信」「達成目標

→享受成功→進一步樹立自信」的效果。

　　對運動選手來說，參加比賽相當於音樂家參加音樂會一樣。參加的結果如不理想，勢必再度努力進修磨練，使作品更進步，琴藝、歌藝更長進，然後再參加。參加競賽的結果不如預期成績的選手也應有相同心理，賽後虛心檢討得失，重新出發加強技術、體能、心理等各種競賽能力，以便下次參加時能更上層樓。

第七章　提升競賽性心理能力的具體步驟

　　依據不少運動心理學家的研究與有心教練的心得，有不少提升競賽性心理能力的步驟。有些人主張平時訓練時先在內心理肯定每日訓練的目標、過程、方法與預期目標，然後練習時需要依預定練習進度完成它；有些人認爲應在練習時令選手體會每一個動作的意義、功效、可能發生的情況而從事有意的練習或比賽；也有些人認爲最重要的是信任自己的能力，視實際情況臨機應變，發揮既有的能力即可。惟如想提升選手本身或全隊的競賽性心理能力可參考德永幹雄所提出的下列七個步驟⑲。德永幹雄認爲如想提升或加強運動選手的競賽性心理能力，應採取：

　　1.先行診斷選手競賽性心理能力的現狀。

　　2.依該選手的心理現（狀）況設定具體可行的目標。

　　3.實施放鬆訓練。

　　4.實施專注力訓練。

　　5.採用意像（課題）訓練。

　　6.應用於練習與準備比賽。

　　7.應用於比賽。

　　8.賽後的檢討。

茲依順序撰述如下：

⑲　同註⑪、⑯　p63～152

壹、先行診斷運動選手的競賽性心理能力的現狀

如同醫師想要醫治病人，必須先診斷該病人的症狀或病因後始能對症下藥一樣，教練想要提升或加強運動選手的競賽性心理能力，必須先行了解選手本身的競賽性心理能力的現狀。了解的方法可參考本書第五章所介紹的各種心理測驗方法，例如德永式競賽性心理能力測驗，江川式性格、心智，敗因診斷測驗，Y－G性格測驗，u－k測驗等，以掌握運動選手的人（性）格特質、精神健康程度、忍耐力、鬥爭心、自我實現、獲勝意願、自我控制、放鬆、專注力、自信、決斷力、預測力、判斷力、合作性等競賽性心理能力的現狀。然後依據測驗結果分析選手的優缺點，以便擬訂具體的目標。

貳、設定具體可行的目標

目的是行爲的結果、目標是達到目的的指標。合理目標具有引起行爲的動機功能。想要在運動場上有所作爲的選手，首先應針對比賽擬定加強體能、技術、心智等明確且具體的目標。這些目標應包括 1.結果的目標。 2.比賽內容的目標。 3.達成目標的方法。 4.自我宣言。 5.預測達成目標的效果與達成目標的阻礙因素，並且可站在選手個人、團體、教練等立場予以擬訂。

一、設定對結果的目標：

所謂結果的目標是指經努力練習後參加比賽的結果可能達成的目標。例如參加本屆比賽的結果，準備晉入前六名，或獲得獎牌或打破大會記錄等。每位選手或每一個隊可以依據自己的實力、身心的狀況、全隊的情形，設定可能達成的目標，不過這種目標的難度，最好是五至六成的難度為原則。

二、比賽內容的目標：

第二種目標應該是指自己參加比賽時之內容的目標。也就是將自己的或本隊的能力區分為技術、體能、心理等各面設定目標。例如參加比賽時，如何發揮本身的技術……動作、配速、移動位置、攻守要領；以何種心理……積極性、消極性、主動、被動、多觀察對方的攻守技術的優點與缺點予以反擊，不論如何艱苦一定堅持到底等心理；開始比賽時多發揮敏捷性與瞬發力，經一段時間後考慮腳步動作以維持高度耐力完成比賽等。

三、擬訂達成目標的方法：

設定結果的目標與比賽內容目標後，必須思考採用何種合理練習方法以求達成目標。此時應須從技術、體能、心理等三方面去思考。這些練習法應包括個人與團隊兩種方法。是採用系統法、經驗法、集中法、分散法或全習法、分段法，可視實際需要決定。

四、自我宣言：

　　爲達成目標可採用自我宣言，以加強達成目標的行爲。通常可以發現有些選手在寢室中張貼「必勝」、「奮鬥到底」、「克敵致勝」、「先苦後甘」等標語或自我宣言，以隨時提醒自己的練習或比賽時之精神發揮重點。實際上，這種自我宣言，確屬向自我宣示本身應該努力的方向、方法、重點，對於自我鼓舞有相當大的效果。運動選手個人或團隊不妨採用這種方法自我勉勵。

五、要了解達成目標的好處與可能遭遇的阻礙：

　　運動選手爲參加比賽獲得自我突破、克敵致勝，自行設定可達成的目標爲極重要的事。但是運動選手本身在設定達成目標時，應了解達成目標的好處。例如達成目標的話會高興，進一步樹立自信心，也能獲得家族、同學、師長、長官、同事等的肯定與鼓勵；甚至對漫長人生過程來說可以獲得珍貴的經驗等。上述這些均可以進一步加強練習或參加比賽的動機，也會形成更上層樓的原動力。除外，在設定目標時也需要考慮可能遭遇的若干困難與障礙。並且事先擬好排除或克服困難或障礙的方法，以便在練習或比賽過程時解決困難或消除障礙。

參、提升放鬆能力（Relanation）的方法

　　運動選手參加比賽時，多會興奮緊張。但是過份的緊張會影響正常的演出或應有的成績。所以可說，適當的放鬆能力對運動選手來說極為重要。想提升放鬆能力可依下列順序進行，先思考為何會緊張，然後再研討身心放鬆的方法。放鬆身心的方法有個別差異，在此所介紹的是代表性例子，因此在實施時宜考慮採用適合自己的方法。

一、先了解為什麼會緊張：

　　不論何種運動選手首次參加比賽時，多少會感覺不安與緊張。這些緊張多少會影響比賽時的表現或成績。因此，多數運動選手均了解適度放鬆的重要性。

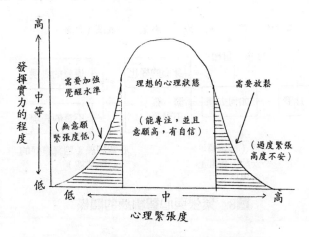

圖7　緊張與發揮實力程度的關係

　　在談到緊張的原因之前，應先了解發揮運動實力程度與緊張度的關係。由圖7可以了解發揮實力與緊張變成反U字曲線狀態。換言之，過度緊張或緊張不足均無法發揮實力，惟有在中等程度的緊張時，才能發揮最高實力。

　　但是雖說如此，適度（中等）的緊張度亦有個別差異及項目別的差異。不論如何想要發揮最高實力，每位選手應致力調整最佳心理狀態才行。了解緊張實力的關係後，應進一步了解運動選手為什麼在參加比賽時會緊張的理由或原因。

　　九州大學教授德永幹雄以圖8說明緊張與心智訓練的關係❷。德永說因參加比賽的選手本人，對該比賽的認知性評價會決定緊張的程度。如果參加比賽時一致在想「一定要勝」「給大家好評」「失敗的話沒有面子」「輸了對不起大家」「絕不能輸」等該選手一定會過份緊張。

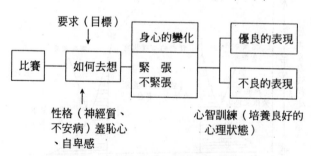

壓力因　　認知性評價　　壓力　　對策　　成果（結果）

圖8　緊張與心智訓練的關係

---

❷　同註⑪、⑯　p70～72

　　所謂緊張是，大腦皮質依其認知的方法或程度，會引起主司情緒中樞的間腦（視床下部）興奮，以刺激交感神經，分泌腎上腺，使心跳加快，肌肉緊張，影響人體各種機能的狀態。也可以說緊張是由比賽的認知所引起的身心變化狀態。所謂受壓力而怯場便是身心變化狀態的稱謂。

　　與認知方式有關係的是本人的需求。選手想要「獲勝」「要好好表現」以便獲得眾人肯定、尊敬等需求，是屬於美國著名運動心理學家馬斯婁（A. H. Maslow）所倡需求階層學說（Need Hierachy theory）的第四層需求……尊敬或尊榮的需求。當存在於個人內心的尊敬需求加強時，人的緊張度會升高。但是想「獲勝」「獲得眾人肯定、尊敬」的需求改變為「盡其在我」「只要超越自己就好」的「自我實現需求時，存在於身心的緊張度會緩和。

　　除了認知方式會影響緊張度外，選手個人的性格也會影響。具有神經質、情緒不穩、怕失敗、內向、容易怯場者，多會對比賽產生「如果失敗，會沒面子」、「輸不起」、「恐無法成功」等想法而引起緊張度。由上述可知選手對比賽的認知方式與各種因素有密切關係。

　　運動選手參加比賽時，適度的緊張是需要的。但是過份的緊張與放鬆均屬不宜。如何降低過份的緊張，拿捏適度緊張與放鬆是致勝或「盡其在我」「超越自我或他人」的法寶。為此，運動選手本身應了解本身在何種緊張度或適度放鬆下始能有好表現？通常可採用反省法、回顧法等確認本身過去發揮最佳成績或表現時的感受。

二、身體（肌肉）的放鬆法

在極度緊張狀態時，肌肉會收縮成僵硬狀態，使人的整個動作或行為會呈現機器人似的呆板不靈活。為求放鬆身體（肌肉）可採用下列方法：

㈠深呼吸：

吾人常可發現有些人為放鬆身心做深呼吸動作。人處在緊張狀態時如能採用腹式深呼吸時，確可收到相當程度的放鬆效果。為收放鬆效果的深呼吸法是，採用腹式吸氣4～5秒，然後停止吸氣3～4秒，之後花7～8秒的時間緩緩呼氣。吸氣時不妨凸腹稍用力，呼氣時凹腹脫力，也就是採用典型的腹式呼吸法。尤其重要的是在呼氣時有意的放鬆全身。

㈡反覆全身肌肉的緊張與放鬆：

可採用美國傑可生所發明的漸進性放鬆法。這種方法是先緊張全身、頭臉、肩、臂、腹背、下肢等肌肉，然後依序予以放鬆的方法，其實施順序與方法如下：

1. 拳頭與小臂：

(1)全身放鬆坐在椅子上，然後用力握右拳，使其感受右拳及右手小臂的緊張感（10秒）。(2)然後逐漸放鬆右拳（20秒），以感受放鬆感。(3)緊握左拳，但身體其他部位盡量放鬆（10秒）。(4)放鬆左拳（20秒）並盡量體驗放鬆感。(5)左、右拳同時握緊（10秒），使左右兩小臂用力緊張（10秒），並記

住其感覺。(6)同時放鬆左右兩拳頭，一方面放鬆伸手指，二方面放鬆小臂肌肉，並記住其感覺（30秒）。可反覆上述順序，使試做者完全能體會肌肉用力緊張與放鬆的感覺爲止。記住，有意的緊張與放鬆才有效。

2.臂　部：

(1)用力屈肘10秒鐘，體會緊張用力感覺。(2)放鬆伸臂（20秒）以體會用力屈臂與放鬆伸臂的不同感覺。(3)用力伸直手臂（10秒），尤其緊張肱二頭肌，使其感受發出最大肌力。(4)完全脫力放鬆手臂下垂（20秒），隨著手臂放鬆下垂，體會舒適沉重的感覺。

3.肩　部：

(1)用力縮肩（兩肩同時用力向上提起）靠近耳部（10秒），然後完全放鬆雙肩（下放）以體會脫離放鬆的感覺（20秒）。(2)再一次用力向上縮肩，然後雙肩做上下提放，前後轉動，以體會肩部與背部上方肌肉的緊張感覺（10秒）。(3)稍放鬆肩部力量（約爲完全緊張時之$\frac{1}{2}$）約10秒。(4)完全放鬆肩、背部力量20秒，以體會完全放鬆的感覺。

4.臉　部：

(1)上額：靜坐在椅子上，並放鬆全身肌肉。上身後靠在椅背，有意的用力緊皺額頭10秒。(2)放鬆皺額（20秒），腦海中想像上額及頭部的皺紋完全消除。(3)用力緊張臉部10秒（包括鎖骨）。(4)放鬆臉部（20秒）。

5.眼　部：

(1)用力閉眼，體會緊張感覺10秒。(2)保持閉眼狀態，但放

鬆眼部肌肉，使眼部輕鬆舒適20秒。

6.下顎部：

(1)用力咬住上下齒10秒，以確認下顎肌肉的緊張度。(2)放鬆下顎肌肉上下牙齒及嘴唇微分開20秒，以確認完全放鬆感覺。

7.舌　部：

(1)將舌頭用力抵住口腔上部10秒，以體會緊張度。(2)將舌頭放鬆回復平常位置（20秒）。

8.唇　部：

(1)用力合嘴唇10秒，體會嘴唇部的緊張度。(2)放開上下唇並脫力以體會放鬆感覺。

以上介紹身體各部位漸進性放鬆法，如能依下列程序，每日從事一至二次，每次5～10分鐘的訓練，相信在數個月後能做到緊鬆自如的狀態。

1.拳頭與手臂：右拳→左拳→雙拳→兩小臂→兩大臂（包括肱二頭肌）。

2.臉　部：上額→眼部→下顎→舌頭→唇部。

3.頸　部：後→右→左→前。

4.肩　部：上下→前後。

5.胸、腹、背部、肺→腹肌→上背部→下背部。

6.臀部及大腿部：屈→伸。

7.足與全身：下→上。

㈢手足溫暖法

　　衆人皆知正常成年人體溫是36℃前後。經測試後也知道放鬆狀態的手指頭的皮膚溫在32℃以上。如果能徹底的放鬆可達35℃以上。因此教練在參加比賽前握住選手們的手指便能了解選手們的緊張程度。如果發現手指冰冷，不妨令其多做暖身運動。因此，學會溫暖手足方法對放鬆身體有幫助。在此擬介紹若干基本方法以供參考應用。

　　1.自律訓練的溫感練習：

　　自律訓練法是1932年德國精神醫學家修滋（Schultz，J.H）所發明的。他說「自律訓練法是一種生理學性的訓練法，其效果如同施催眠一樣」。所謂自律訓練法是，受訓者在安靜的場所，以坐、臥等寬裕的姿勢與被動的心態（無心狀態），從事一定公式的唱做行為的方法。每次練習的時間在初期時以30～60秒為度，但熟練後應以60～120秒為宜。但是每次練習後應做兩臂屈伸運動3次，深呼吸1～2次，睜開眼睛，然後再進入第2次練習。自律訓練法有下列幾種公式（包括背景公式與一至六種公式）。

　　(1)背景公式（穩靜練習）：感覺非常舒適沉著。(2)第一公式（重感練習）：兩手兩腳沉重。(3)第二公式（溫感練習）：兩手兩腳溫暖。(4)第三公式（心臟練習）：心跳平靜規則。(5)第四公式（呼吸練習）：呼吸舒適。(6)第五公式（腹部溫感練習）：腹部溫暖或暖和舒適。(7)第六公式（上額涼感練習）：上額或額頭涼爽舒適。以第二公式為實例，可如下進行溫感練習。

　　具體溫感練習法：靜坐在椅子上，閉眼全身放鬆。靜心之

後，在心中反覆說「右臂暖和」，並且稍注意右手指至右上臂
部份的感覺。此時，除不斷在心中復誦「右臂暖和」以外，有
時插入「心情穩定沉著」之語。換言之，「心情穩定……右臂
暖和……右臂暖和……右臂非常暖和……心情穩定……右臂暖
和……暖和……」。以上述方法體會要領後，可依「右臂」→
「右臂＋左臂」→「兩臂＋兩腳」的進步進行溫感訓練。溫感
練習可放鬆肌肉與毛細血管，使血流順暢，提高皮膚溫。依據
測量已知可提升2～3℃，實施溫感訓練者始能自行發覺兩臂溫
暖，體內血流狀況時，可證明已收訓練結果。

2.皮膚溫的生物體回饋法（biofeed back method）：

所謂生物體回饋法是將生物體的情報，例如腦波、肌電、
皮膚溫、心跳、血壓、呼吸、皮膚電氣反應等，變換為「光」
或「音」等信號，使受測者了解緊張或放鬆狀態，並且依其控
制身心緊鬆的訓練方法。

為評量放鬆訓練，溫感訓練效果；可應用生物體回饋法。
例如可採用肌電生物體回饋法，檢測漸進放鬆訓練時的肌肉放
鬆情形，採用皮膚溫生物體回饋法，檢測自律訓練法的重感。
溫感的練習效果，可使用腦波生物體回饋法，檢測座禪時 α 波
的顯現情形以提升座禪效果。

在以往只能憑個人的主觀感覺評量或判斷放鬆狀態，但自
從發明生物體回饋法後，可使用「光」、「音」等信號檢測其
數量。

3.柔軟體操、伸展運動、慢跑

眾人皆知練習前和比賽前從事適當的慢跑、柔軟體操、伸

展運動時，可以充分拉長或收縮肌肉，促進血液循環。尤其血液如能流至身體末端的毛細血管時，整個身體會暖和。伸展運動時憑個人的意識盡量拉長肌肉，使血流一時靜止，然後突然放鬆肌肉使血液暢流的運動，此時的肌肉當然會感覺溫暖。

　　人體在過份緊張時，肌肉會收縮，以阻止血液循環，此時皮膚溫會降低。如能充分活動身體，促進血液循環，提升體溫時，肌肉容易放鬆。運動選手參加比賽或練習之前，如天氣寒冷不妨多做準備運動，天氣熱時可稍減少準備運動的量。

㈣讓額頭清涼

　　人處在過度緊張或不安狀態時頭腦會感覺茫然不知所措。炎熱的暑季，人腦溫度上升，使腦部機能發生變化，無法從事冷靜判斷。所謂「怯場」是因交感神經興奮，使腦部溫度上升，自感腦部熱烘烘的狀態。因此，運動選手在賽前，考生在考試前，爲保持冷靜頭腦，最好設法使頭或額頭涼下來。使額頭涼下的方法有若干種，介紹如下。

　　1.自律訓練法的額涼感練習：

　　可採用自律訓練法的第六公式上額涼感練習。也就是說靜坐在椅子上，以閉眼放鬆姿勢，在內心自言自語「心情穩定沉著……額頭涼爽……心情穩定沉著……額頭涼爽……2～3分鐘。

　　2.額部、臉部肌肉的緊張與放鬆：

　　採用漸進性放鬆法使額頭部與臉部肌肉緊張與放鬆，當能完全放鬆時，額頭部會感覺涼爽些。

3.腦波的生物體回饋法：

近年發明能輸出腦波中的α波的訓練機器。受訓者的額頭綁上帶子，當前額顯出α波時會以音響或顏色顯示。據研究已知，出現α波時，人是處於放鬆狀態，其額頭部的溫度會降低，產生涼爽感。

4.輕度的慢跑、柔軟體操、伸展運動：

這些輕度的w－up可以放鬆身體各部肌肉，也會降低額頭部溫度。

5.洗臉或頭部澆水：

人處在過度興奮時可用冷水洗臉，炎陽下以冷水澆頭以降低頭腦部的溫度，目的是使腦筋清醒，不致發生錯誤。

㈤務求保持「頭涼足溫」狀態：「頭涼足溫」是表現人體處在舒適狀態之謂。不論唸書、運動、工作，如能在「頭涼足溫」狀態時，其效果必佳。任何人想活得健康快樂，舒適寫意，必須努力保持健康的身體狀態，而頭涼足溫是健康身體的象徵。可透過自律訓練，漸進放鬆訓練，生物體回饋法訓練等提升健康狀態。

三、心理的放鬆法

人是身心一體的高等動物。身體面的緊張與放鬆會影響心理機能的發揮，同樣的心理作用也會影響身體機能。為使身體保持放鬆，如何放鬆心情是值得研究的問題。茲提出若干種心情放鬆法以供參考。

㈠將意識集中於達成目標：

不論何種人，只要接近比賽，其心情多少會陷入不安狀態。此時宜設法解除這些不安。具體的方法是先行了解本身或本隊選手的心、技、體現況，然後分析對手或對隊的實力、優缺點，衡量彼此實力後再訂定本次比賽的目標層次。平時訓練時可以「優勝」「晉入前四名」爲目標；但是參加比賽時應將注意力集中在比賽時的動作技術。例如，提升發球成功率，遵守本身的配速，盡情發揮全力，堅持到底等等自行訂定心、技、體各方面的目標。然後針對目標想出達成目標的方法，並集中精神去完成它。過份意識勝負時會緊張，如將注意力集中於達成目標的方法，容易以平常心對待比賽。

㈡專注精神於發揮實力，以完成最佳比賽：

參加比賽以求勝負固然重要，但是發揮全力更重要。比賽結果雖獲勝，但並未發揮全力時，選手會有失落感；對提升士氣而言絕無益處，可能會養成輕敵驕慢的心理。參加比賽前與其憂心勝負，不如發揮平時所練成的全部實力，如是較容易減輕勝負意識，獲得安全感。

㈢盡全力聽天命，從事快樂的比賽：

運動比賽有苦有樂，但其過程難勉緊張刺激，其結果會產生一家歡樂多家愁的結果。不過這是以勝負觀點所說的，如果換另一個觀點或基準時，對勝負的感受會不同。不少運動選手

或教練指導選手參加比賽時會面授機宜，只要將平時所練的技術，配合體能與心智能力完全發揮即可。其方法可自行思考，並且臨機予以應用就好。運動選手在比賽時不斷的觀察對手或對隊的企圖，比賽行為，然後立即做有效的反擊，或改變戰術等極為重要，比賽中採用自言自語勉勵自己，便是例子。除發揮全力參加比賽以外，若能抱著享受比賽樂趣的心態與賽時，可減輕過度緊張的心理。

四、設法在比賽時放鬆身心

任何人均知適當的身心放鬆有助比賽成績的提升，雖然如此，而有不少運動選手臨場比賽時會產生不安心理而身心緊張。以前所述者多屬基本或靜態的身心放鬆法，但是參加比賽時需活動身心，並且須不斷的因應環境或狀況的變化。在這種變化多端的比賽狀況或環境中，更需要適度放鬆身心。尤其在賽前，比賽與比賽之間，休息間的身心放鬆更為重要。身心放鬆法雖有個別差異，但大致上可包括下列幾種：

㈠身體放鬆法：

微微的活動下肢，例如原地踏步、跑步、短距離間的走、跑動，原地縮放肩部，兩手放鬆脫力，賽前深呼吸，雙肩做前後繞環，伸展運動。不過在實施上述放鬆性活動之前，最好能先本身處在緊張的事實。

㈡精神放鬆法：

可在賽前、賽與賽或動作與動作之間，內心自說「不要慌張」「沉著氣」「做自己的比賽動作」「放鬆」「不保留的全力以赴」「享受比賽樂趣吧！」等。

上述方法須經多次的有意經驗與回饋才能收放。因此，不斷的累積經過選擇的良好經驗後，在爾後的比賽可以回想採用何種方法時可以適度放鬆身心，發揮專注精神與優異技術完成比賽，甚至克敵致勝。

肆、專注力的訓練法

一、專注力的意義：

專注力並非心理學上的專有名詞。在心理學辭典上可能無法找出此名詞。在解釋或談及專注力名詞的意義以前，應先了解「注意」的意義。依德永幹雄教授的說法，解釋注意時，可從情報處理、社會心理學、生理心理學的立場予以解釋。

㈠站在情報處理的立場：

注意是透過視覺、聽覺、肌感覺、觸覺、溫覺、嗅覺等知覺外界刺激，經判斷該刺激而將精神注入該刺激的現象稱為注意。也可以說人透過感覺意識某一刺激及將該意識導向一點並維持該意識的過程。例如某人在看一本小說時，雖然身旁有了

許多噪音或別人的言行，但某人並不知覺仍全神貫注小說內容便是典型的注意現象。德永幹雄又說，注意受三個條件而有區分。一是注意的選擇，換句話是注意與好惡有密切關係，喜愛的會注意它，不喜歡的相反。二是注意能力，注意能有顯著的個別差異，有些人可同時注意若干事象或問題、有些人即不然。三是注意的幅度與方向；如對某種刺激有準備時，可同時注意許多刺激，否則不可能。

㈡站在社會心理學的立場：

也就是站在個人與團體的關係，個人與環境的關係解釋注意與社會心理現象的關係。首先是注意會受環境的刺激產生紊亂的現象。部份運動選手參加比賽時受圍繞場地的觀眾，或對比賽的不安、煩惱而注意力分散等。二是注意會發揮無意識機能。經長時間訓練的運動選手，上場比賽籃球、排球、足球等團體性球賽時，必須不斷的注意對方的技術行為為做迅速的反應。這些反應可說幾乎成為無意識的反應，但是無意識的反應並非無意行為。是有意行為的多次反覆，變成迅速反射的行為而已。三是注意有「型態」。這些型態中之一就是注意的方向與幅度。注意的方向又包括注意本身身體狀況，情緒的內面方向與注意風速、風向、陽光等屬環境的外界方向。注意的幅度是指注意的面，或內容的寬窄；例如發球時，想要將球發進對隊的端線附近便是注意幅夾小，如果不僅注意所發的球的落地點，也注意到觀眾、看台，甚至對隊球員的位置時，可說注意幅度相當大。在足球場或棒球場比賽時需要廣狹兩種注意力，

並且適時變換它。除外，還得完全了解「注意與壓力，痛苦」
的關係。只要有比賽經驗者可能體會過比賽場上所產生的壓力
或干擾會影響注意力的幅度。因此，在平時練習時須加強抵抗
壓力、干擾的能力。

㈢站在生理心理學的立場：

當一個人正在注意某事象時，經測驗腦波得知，會呈現電
波。從事網球運動時，心跳數達每分鐘130次時最能發揮注意
力，但是屬於靜性競技的射擊、射箭即無法以心跳數的增加證
明注意力的集中度。使用肌電圖、體溫、呼吸等生理性指標以
分析注意狀態便是生理心理學的立場。

綜合上述理論並予以圖示化的便是圖8㉑。

內 外 影 響　　　　　運動行爲中的注意過程

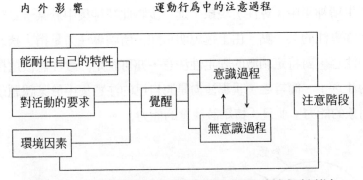

圖8　內外要因與注意過程的相互作用（德永幹雄）

㉑　同註⑪、⑯　p94圖31

　　由圖8可以了解影響注意的條件，有內外兩種條件。內部
條件是個人的性格特性與內心的需求，外部條件是環境因素。
人對刺激時，會受上述三種條件的影響而產生不同知覺。對這
種刺激的知覺（覺醒），包括有意與無意兩種。將感受到的刺
激引導至判斷狀況的過程，稱爲注意階段。通常可從臉部表？
情、眼神、自我報告、生體反應、動作、聽取所思等了解注意
的焦點或內容。

㈣專注力的定義：

　　依據意識心理學家的說法，意識是由知覺引起。其結構圖
如圖9。由圖9可以了解注意與專注力（精神集中的某一點）的
關係。人對刺激的認知起於感覺器官接受刺激，此時如指向某
人方向時會形成注意狀態。當注意眼前的某一事像或課題時會
產生精神集中（專注）現象，進一步將此精神集中於某一點時
稱爲專注的某一點。由上述說明可知，所謂專注力是指「狹義
的注意，對特定刺激的固定性注意，亦可說是一致注意被選擇
的注意」。簡言之，「專注力是將自己的注意集中於某課題或
對象的能力」並且「持續該注意的能力」。

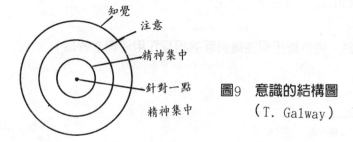

圖9　意識的結構圖
（T. Galway）

二、擾亂專注力的要因：

擾亂或破壞專注力的要因有內因、外因、內外混合因三種。

㈠本身的心理狀態會擾亂專注力（內因）：

所謂本身的心理狀態是本身情感或想法。例如憂心、不安、煩惱、壓力、干擾、怯場、勝負感情等有關自己的消極性感情或勝負意識。比賽中投籃不中，射門不進，扣球失誤等感受或對裁判的誤判等均會擾亂個人的專注力。

㈡周圍環境會擾亂專注力（外因）：

風力（向），球場表面，陽光，球，球拍，球棒，競賽場地，飛機，飛蟲，寒暑，觀眾的喝彩等也會擾亂專注力。

㈢因應環境的本人心理會擾亂專注力（外、內因）：

所謂外、內因的意思是說，外因引起內因變化，使該變化的內因擾亂專注力之謂。例如比賽對手的粗魯言行，觀眾的揶揄、嘲笑、漫罵、失誤時的掌聲等會引起選手本心的憤怒。結果該憤怒會擾亂專注力。

三、專注力的訓練

專注力的訓練可分為三種：一是專注課題的訓練，二是不受內、外要因擾亂注意力的訓練，三是持續集中注意力的訓練。茲分述如下：

㉒　同註⓫、⓰　p109圖34，p110圖35

(一)加強專注力的基本練習：

專注力的基本練習可在室內實施，其具體程序如下：

1.將注意固定於某一事象：

閉眼靜坐在椅子上做2～3分鐘靜思，俟心情穩定感覺舒服時，試將意識集中於某一事象。也許剛開始時在腦海中會胡思亂想，縈繪世上百像，但是如能將注意力集中在呼吸上或思想某一平靜景色時，會逐漸固定該注意。重要的是能意識某一事象，並且將注意力集中在某一事象。

2.其次是將注意力固定於某一物體：

可準備球或標的等小型對象，以便將注意力集中於該物體。初時，可睜開眼睛注視對象物體30～60秒。此時避免滲入雜念。以這種方法反覆三次注視「球」的練習，不過反覆注視30～60秒之後，中間應給60秒的休息。做完睜眼注視練習後，進行閉眼注視「球」的意像練習。要練到閉眼時仍可維持一分鐘的意像程度。

3.固定視線：

亦可說是將注意集中於某一點的訓練，比賽時受環境要因或心理不安而視線不定的運動選手，絕不會有優良表現。如能將視線放在遠處的某一對象，並將意識集中時，容易提升專注精神。這種凝視遠方對象物或某點的能力，可由持續一分延至五分鐘。曾參加廿四屆洛杉磯奧運會獲得男子射擊金牌的日本選手蒲池猛夫，曾利用暗室訓練專注力。方法是凝視暗室中的蠟燭火炎，後來因火炎會受風搖愰所以改爲凝視香火以進行訓

練。經長時間的訓練結果，射擊的標的中心似成爲香火般而中的比率劇升。

4.利用生物體回饋法的專注力訓練：

這種方法是使用生物體回饋機器檢測運動選手的腦波、皮膚溫度、呼吸、心跳次數等，以所顯示的聲音、顏色做爲依據，訓練專注力的。使用檢測腦波的生物體回饋器，使運動選手儘量放鬆並集中注意於某一事象或某一點時可收到放鬆與專注力的訓練效果。唯一遺憾的是檢測腦波、皮膚溫、心跳數、呼吸次數等生物體回饋器相當昂貴。

㈡專注力不受擾亂的練習：

1.做「啓機」的言語：

是爲消除不安、緊張，加強專注力練習時之做爲練習「啓機」的「自言自說性言語」。例如反覆自言自語說「放鬆」、「自己的比賽」、「專注」、「看球」、「沈著」、「穩下」、「注視對手的眼神」等。除外，宜加強轉敗爲勝的積極性思考亦極爲重要。當不幸失誤或失敗時，千萬勿想「糟了！」「怎麼辦？」等，而應振作精神自言自說「可惜！」「下一次一定扳回！」「毅然奮戰」等，以提升專注力。

2.比賽動作的模式化：

所謂比賽動作的模式化是避免參加緊張不安的比賽時，選手失去自我控制無法依預定反應動作進行比賽的訓練。例如參加網球、羽球、桌球等隔網擊球型比賽時，可令運動選手自言自說「移動雙腳→肩部放鬆→空手揮拍→擊球」等，以提升專

注比賽動作的精神。

　　3.利用最惡劣條件或情況下的練習：

　　這是針對外部環境刺激的專注力訓練法。可利用強風暴雨、烈日、寒天等惡劣天候下練習，或在極大噪音下進行練習。選手們如能習慣於最惡劣環境條件下進行練習而充分發揮全力時，參加比賽時必能有良好表現。

　　4.施壓力的練習：

　　利用平時練習時故意假裝無表情的反應，發球時對方故意擾亂發球員的視線注意力，長抽球時故意有前排在網邊攔截等，以增加抽球者的壓力等。另一方面為預防被對方擾亂廣泛的專注力，必須掌握對方的動作與企圖，例如團體競賽時對隊的攻守策略，個人的攻守技術等，然後針對對方的攻守技術或策略，練習有效的戰法。

㈢保持專注力的練習

　　保持專注力的練習可包含1.注意的變換2.暫時解除注意3.一面加強體能、技術，一面培養專注力等三種。茲分述如下：

　　1.注意的變換：

　　比賽時間可分長、短兩種。時間較長的比賽無法保持長時間的專注力，因此在比賽過程中何時改變注意是非常重要的措施。是在比賽前半或後半？選手本身應能充分把握比賽的流程，在不利或被領先時能立即改變或變換注意力。這種適時判斷的能力，有必要利用平時練習或練習賽時予以加強。

　2.暫時解除注意：

　當在比賽時感覺身心俱疲或痛苦，可將注意力指向快樂事象。可回憶過去成功美好的事情、與友同樂的場面等。

　3.加強體能或技術的同時培養專注力：

　如想加強體能，提升技術水準，在練習或比賽時非集中精神全力以赴不可。一流的選手不論參加何種比賽均能專注其精神以貫徹始終。所以在平時從事有計劃的而耐苦性長時間練習，以培養保持較長專注力是極重要的。

㈣提升比賽中專注力的練習：

　1.提升專注力的平時練習：

　依選手本身的需要先確定明確的目標，例如排球選手在發球時，決定目標說「一定發出威力球，使對方無法做有力的攻擊」或扣球時，「一定配合舉球員的舉球動作，做有效的快攻」等，然後集中注意於發球動作或快攻動作等。通常旁觀者可觀察正在比賽或練習中的選手，是否專注的比賽或練習。例如由選手的眼神、全身的準備姿勢、攻守動作、表情等可以了解其專注程度。一位或多位選手的表情相當認真而開朗，不介意辛苦，能不斷的預測對手動作做靈敏的反應，重要關鍵時能出手投籃或擊球得分，注視標的或特定課題，貫徹始終等均顯示有強大的專注力。不過人的專注力在下列情況時可能會間斷，也就是體力不繼，勝負開始分明時，技術差異顯著時，無法適應寒熱、風雨、光線等氣象，連續失敗，對裁判或觀眾的不滿等。

　　人的動作或行為是內心需求的表現。專注力遇到某種強烈的阻礙條件或因素，會有「沒有辦法了！」「到此為止！」等放棄的想法而中斷注意。因此，不斷培養克服痛苦、障礙等不利條件的心理訓練極為重要。

　　2.提升比賽中的專注力：

　　已知專注力的基礎是「把自己的注意力集中於某一課題或對象，並且維持它」。為達到此一目標，必須使動作能模式化。最好的例子是日本職業相撲選手的動作，兩位力士上土俵後先行踩四股，然後依習俗，面對全蹲拍掌後側平舉，還原後站立，走至土俵邊角取鹽，散灑土俵，以示驅邪，為表示公正比賽的決心。上述一連串的動作，可無形中提升相撲選手的專注力，以便發出全力摔倒對方。田徑賽短跑選手在起跑時，先行呼吸，然後放鬆全身後聽發令員口令，前行各就位，此時已將全部注意力集中於全身各部位動作，俟再聽到「預備！」口令後，再將注意力集中於全身起跑時之協調性反應上。網球選手在接發球時，自行命令自己，揮拍子，不斷的移動足部，放鬆手臂、肩部，意像接球後把球擊至何處等。優秀選手在比賽進行，大致均能先行意像模式化的動作，並且集中注意力使其實踐。愈是屬於一流的選手在比賽時，愈能專注於某一點，在不受干擾下維持該專注力。一流選手多有長年比賽經驗，而會運用這些豐富的有意經驗擬定比賽中對敵的各種對策，因此較容易克敵致勝。由上述可以了解，運動選手在平時不僅須勤於技術練習，體能訓練，也得時常從事專注力訓練才行。

四、採用意像的課題訓練

㈠意像的意義：

意像（1mage）又稱心像，可在腦中同時看到形象，聽到聲響、動作感受、觸覺、心情、味道等。但受過長時間意像訓練的人，可引起如同實際行為時的生體反應。由此可知，該刺激由大腦傳至身體各部以內的事實。利用這種意像原理，可以在賽前數日進行試演性練習。採用意像練習，使身心能習慣於動作，提升技術水準，熟練攻守戰術，以便發揮個人最大能力的便是意像訓練的至高目標。

圖9、10是日本九州大學教授德永幹雄所研究的結果圖。圖9是設定四種網球運動情境；例如單獨練習，在比賽場上活躍時等，調查受測者能做到何種鮮明度的意像。調查意像的鮮明度分為五級，以便受測者回答。圖9是將其回答結果予以圖

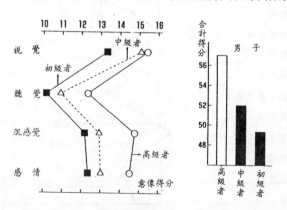

圖9. 以技能層次看大學網球選手的意像能力（德永幹雄）

示化的，由圖中可以發現技能度高級者，不論在視覺、聽覺、肌感覺、感情等所得分數最高，意味意像程度最佳。

　　圖10是調查利用意像程度的結果。依利用度高低層次以5、4、3、2、1給分，然後分高、中、初等三級求其平均值。結果不論高、中、初級，多利用於技術或戰術練習，但爲提升競賽性心理能力方面來說卻少。如以技能層次來看，愈是屬高級者，愈將意像練習利用於賽前戰術，賽中戰術變更，賽後反省，賽中發揮鬥志，設定目標與提升意願，消除賽前不安或緊張，抑制賽中的不滿、憤怒，改善人際關係，加強專注力，能

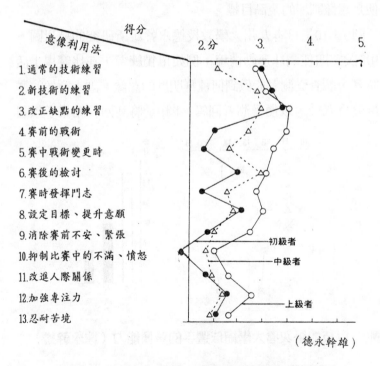

（德永幹雄）

圖10　網球練習或比賽時意像的利用程度

耐痛苦等各方面。反觀中級者與初級者利用意像練習的上述各
種場面者較少。不過初級者在技術練習（尤其是新技術練習）
或改正缺點時利用意像練習的相當多，反而中級者最少。由上
述調查結果可以了解除技術練習以外，高級者會多利用意像練
習於各方面。

㈡意像的基本練習

　　人的大腦分右腦與左腦。右腦的功能是創造；例如意像、
運動、音樂、繪畫等。而左腦的功能是主司知性活動，例如記
錄、計算、分析等。要讓右腦發揮功能時，需減少左腦的作
用，為此必須使身心在放鬆狀態並且能集中注意力。由此可
知，實施意像訓練前必須先練好上乘的放鬆能力與專注力。在
此介紹意像的基本練習如下：

　　1.在安靜房間內坐在椅子上，並且放鬆全身。

　　2.自創放鬆專注狀態。

　　3.初時，閉眼做1～2分意像之後，休息1～2分，再做1～
　　　2分意像，休息1～2分，續做1～2分意像，如此反覆10
　　　次。

　　4.習慣後，意像2～3分，之後休息若干時間，如此反覆3
　　　～4次，所需時間為20～30分鐘。

　　5.可利用練習前後，上下班，上下學途中，在家沐浴時，
　　　桌子前，床鋪上做意像練習。意像可從容易的做起並且
　　　能多樣化。下列三種實例以供參考。

1.意像喜愛的顏色或風景：

以顏色爲例，在安靜環境內閉眼意像自己所喜愛的顏色。例如藍色、淡黃色、粉紅色或美麗的山峯、瀑布、海濱、庭園等。如將個人所意像的風景予以畫出，效果更佳。

2.意像運動器材、用具、比賽場：

靜坐閉眼在室內，意像所穿的運動衣、鞋、帽子，比賽用的跑道、田賽場、看台的情景等，必要時可製作意像卡，並且由意像者自行填畫。

3.觀看意像：

假設自己有分身；分身在跑、跳、擲或試做各種運動時，本尊在觀察分身的動作。這種意像稱爲外性意像。可利用V8等攝影機，攝影本身的各種試行，然後自行觀看該錄影後，再行意像。

4.試行的意像：

經過觀看意像後，應從事「試行」的意像。也就是說在腦裡意像自己的實際動作。其內容包括呼吸節奏，肌肉的收放、音感、韻律感等。必要時可令實施意像者自繪意像的最高境界畫。

5.最佳比賽動作的意像：

筆者在年輕時，常常利用沐浴時意像，持竿、助跑、插穴、起跳、大擺、小振、引體、轉身、弓身撐過竿，推放撐竿等一連串的撐竿跳高的動作。這些意像，對參加比賽時的整個試跳有幫助。所以可多回憶過去創造優異成績時的動作表現與當時的觀衆、周圍的狀況，同時回憶當時如何因應比賽，採取

何種方法克敵致勝等。

㈢個人的戰術意像

可依 1.書寫技術、體能、戰術在備忘錄。 2.書寫轉敗爲勝的戰術。 3.複演戰術意像。 4.描繪鮮明意像的順序實施演練。

1.將技術、體能、心理戰術寫在備忘錄上。

以下擬以網球選手爲例，在意像練習前，爲確認意像內容，先將其內容寫在備忘錄上。例如：

(1)有關技術方面：可將本次比賽所採用的技術、姿勢、模式、配速、動作等書寫在備忘錄上。例如全力正式抽擊對角球；發球時一定發進對方的反手位置，有時發至正手附近；對付對手的近網動作時，如屬正手時，擊出斜球，反手時挑球等。

(2)有關體能方面：也將體能的安排寫在備忘錄上，例如賽前做充分的暖身運動；比賽前半時控制體力消耗，將體能平均分配的全盤比賽；盤與盤之間，攝取適當飲料以補充水分等。

(3)有關心理方面：採取積極性攻擊戰術，絕不採取守勢，自始至終以旺盛的鬥志以赴；特別注意對方的發球與強力抽球，避免輕易失誤。

(4)其他：特別註明參加本次比賽應注意點：例如，不要介意輸一、二分，能發揮平時實力，依預定配速進行比賽等。

2.將反敗爲勝的要點書寫在備忘錄：

參加比賽時不一定每次均能如意的獲勝，有時會在途中遭遇挫折或失敗，此時應如何挽回頹勢反敗爲勝是一個很重要的問題。如能事先擬好若干反敗爲勝的戰術或策略，必有助益。例如：

(1)強力正反抽球或攻擊多失誤時，立即爲誘發對手的失誤而棄攻改守勢。(2)如果無法保持戰果，改變另一種攻擊法。(3)如果萬策均無效時，不妨採用穩紮穩打方式，預防失誤，然後伺機反撲等。

3.戰術意像的預（複）演：

坐在椅子上，自行默讀所思意像內容，然後閉眼意像剛才所默讀的內容1～2分。之後睜眼休息1～2分，再確認第二種內容，接著閉眼意像它。如此依順序反覆若干次（大約20～30分）。從事預演時，所描繪出來的意像愈顯明，其效果愈佳。最重要的是能確認、技術、體能、心理戰術的要點，而並非計較比賽的成敗。

㈣團體的戰術意像

運動團體或代表隊是由選手個人所組成的。參加團體比賽時不僅須發揮個人的體能、技術、心智能力，更重要的是團隊的密切合作。這些合作包括技術、體能、心智能力等各方面。爲提升團體綜合能力，可採用如同上述方法加強意像訓練。

1.將技術、體能、心理戰術寫在備忘錄上：

(1)有關技術方面：由教練與選手針對本隊的優點，對隊的

特點擬定技術性戰術並寫在備忘錄上。其內容可包括隊
員在比賽時的位置，各節、局的賽法，模式練習等，並
以號數或言語暗號代替它。

(2)有關體能方面：假如本隊隊員的體能充沛，可以在比賽
中多採用假動作以擾亂對隊的注意力或攪亂敵方的防守
隊形。相反的，如體力較差時，每人應預測對隊的攻
擊，採取合理防守，避免浪費體力。如果隊員中的某人
體能較差，須事先決定使其在前半賽時發揮全力，後半
賽場換別人上場等。

(3)有關心理方面：假如開始比賽後的五分鐘集中全力以
赴，之後視對手的動作或戰術合理分配體能交戰。有時
大聲齊喊以提振士氣。

(4)其他：如有要事，可寫在備忘錄上以應不時之需要。例
如只要以平常心以赴即可；將平時所練的完全發揮即
可；絕不出風頭。

2.將反敗爲勝的戰術寫在備忘錄上：

例如被對隊領先，開始輸時，被對隊先取得一盤或一局時
的戰術。

(1)改變攻擊模式，窺破對隊缺點並予以攻擊。

(2)早點決定擊破對隊的攻擊模式。

(3)加強防守，伺機反攻。

3.團隊戰術意像的預演：

教練以手勢，動作、數字、簡單言語提示團體戰術，而全
隊隊員以意像方式練習戰術模式、個人的位置，移動路線與方

向等。

4.努力描繪鮮明的意像：

臨場指導的教練在團隊性比賽時，往往視需要送出信號、手勢、動作以指示攻守戰術。但是這些信號、手勢、動作等有時會發生錯誤性引導。如能平時多從事信號、手勢、動作等意像訓練，可以消除上述弊害或缺點。

(五)競賽性心理能力的意像訓練

參加比賽時，充分發揮體能、技術、心智等綜合能力始能創造佳績，是眾人皆知的事實。想要發揮競賽性心理能力，非經過嚴格的訓練不可。競賽性心理能力共五種十二項，茲依順序介紹訓練法如下。

1.競賽意願的訓練：

參加比賽前，選手的意願高低或強弱會直接影響成績的表現。爲此如想參加比賽要有好的表現，須先訂定具體目標，提升獲勝意願，燃起鬥志，發揮耐力。其具體訓練法是：

(1)提升自我實現的意願：參加比賽的主要目標雖在獲勝，但爲達成獲勝目標須先擬定體能、技術、心理等具體目標。參加比賽結果雖然失敗，但是如能達成上述體能、技術、心理等具體目標，仍然算成功。利用意像方法訓練提升自我實現的意願的方法是，靜坐閉眼，在腦中確認參加比賽的目標（包括比賽結果的目標與比賽動作、技術、心理等目標）。同時以自言自語方式「我一定達成目標！」「我要挑戰我的最大可能性！」等，這種自

言自語可反覆1～2分鐘。

(2)加強獲勝意願：參加比賽者，其內心如不想獲勝，結果必然會失敗。但是內心想獲勝的念頭過強，會產生強大壓力而無法發揮實力。所以參加比賽時可採用自言自語方式自勉「以平常心以赴」「發揮平時所練的技術、戰術即可」，但如果面臨困境或不利場面，須自勉「要絕對獲勝或一定要贏！」為此可採用靜坐閉眼自言自說「一定要在這次比賽獲勝」「比賽時全力發揮平時所練的一切」1～2分，其次可意像失利或勝負關鍵的情境，然後自言自說「絕對不能輸，一定要贏！」1～2分鐘。

(3)鬥爭心（鬥志）：可由靜坐閉眼狀意像過去比賽時，鬥志最高昂，比賽最積極，勇敢的狀態1～2分鐘，接著在這次比賽時，意像積極，果敢的攻擊動作1～2分鐘。

(4)忍耐力：參加比賽時難免會有痛苦。尤其勢均力敵、身心條件不佳、比賽失利時，忍耐力的強弱立即會決定勝負。忍耐力意像訓練法是，以靜坐閉眼狀，回想過去最能發揮忍耐力的情境1～2分鐘；其次再意像比賽失利時發揮忍耐力的方法1～2分鐘；前後意像參加本次比賽發揮忍耐力的情境1～2分鐘。

2.自信的訓練：

所謂自信是能完成某種行為的信念。有自信的選手相信自己能成功，失去自信的選手會認為己不如人，介意周圍環境而內心不安。比賽時無法以平常心發揮全力，動作會僵硬遲鈍，行為不如意，為此平時應以訓練加強自信與決斷力。

(1)自信：以靜坐閉眼狀，自言自說「我已盡全力做完比賽準備！」「只要做好自己的動作」1～2分鐘；其次為堅定自信，可說「自己一定能勝任愉快」「有自信達成目標」，在腦中描繪比賽情境。

(2)決（果）斷心：以靜坐閉眼狀態，先意像過去比賽時不懼失敗，迅速決斷某一動作的情境1～2分鐘；然後意像這次比賽時迅速決斷戰術或比賽動作的情境。

3.作戰（比賽）能力的訓練：

任何有心的選手，在參加比賽前多少會擬定比賽方法或作戰法。作戰能力是預測力與判斷力所成。選手在參加比賽前須先預測可能發生的情況，然後考慮對策，擬定作戰法。如能利用意像法在平時訓練作戰能力（包括：技術、體能、心理三方面）時對實際比賽極有助益。以游泳選手為例，可由靜坐閉眼狀態下意像練習：(1)在腦中意像某某游泳池（30秒）。(2)現在正站在100m捷泳的出發台上，心情非常肯定中，並且已確認正要開始的比賽。(3)裁判鳴笛了，聽到「預備」「槍聲」後以預定速度（中途成績）游最初的50m，轉身時請用手敲打桌面，此時可以求出與預測成績之差距（2'）。(3)以意像方式預測之後每50m的中途計時成績。(4)最後10m時有領先群3～4人同時通過，請你立即採取最後衝刺戰術衝至終點，到達終點時請以手敲打桌面。

五、將意像訓練利用於練習與比賽

(一)利用於練習時

1.意像（1mage）的利用：

意像亦屬一種技術，如不常練習，意像的鮮明度或控制能力會減弱。對初學者來說，尚未具備意像技術，所以可採用全體性意像，例如像某某選手的跑法等。但屬中級或高級選手來說，可以輪流實施實際練習與意像練習，其內容可具體詳細些。除外，在練習中有優異表現時應記住它的感覺。意像時只意像成功局面，不去意像失敗局面。遇雨、受傷、無場地設備可利用時，或想要提升練習新鮮度時，可以多利用意像練習。為培養練習或賽前的心情，可利用跑、游泳時在心中描繪優勝時的情境，塑造參加比賽時的心情，以培養積極性、競賽性心情與態度。

2.利用VTR、錄音帶、戰術板：

使用錄影機，錄取個人或全隊隊員的動作，以便確認比賽動作的優缺點，並做修正的依據。不僅如此，應將優點記在腦裡，以便實際參賽時能運用自如。也可以利用錄影機攝錄對隊隊員的動作、比賽場地、設備，以為擬定對策的參考。其次可錄音、觀眾或會場廣播的聲音，然後在平時練習時，播放該錄音，假設比賽情境進行有效練習。除上述兩種方法以外，亦可使用黑（白）板或戰術板，練習比賽時本隊隊員的移動位置、配速、比賽進行過程等。如是其效果要比口頭說明來得有效。

3.利用鏡子的練習：

可站在大面鏡子前，做徒手動作的練習，可視鏡中的自己動作、表情、放鬆程度做適度修正。

4.不使用器材或球的動作練習：

以球隊練習爲例，不使用籃球或排球，由教練提示攻守信號或手勢，全體隊員做攻擊移位或防守移位的練習。拳擊選手的空拳練習亦同。

5.自我會話：

在練習或比賽時，爲激勵自己，提醒自己，所做的自問自答的練習。自我會話的目的是爲確認自己的意識而做的，與所有動作有密切關係。如須自勉發揮「忍耐力」等，可說「加油！」「堅持到底！」通常如注意觀看比賽時，可以發現有若干選手爲提升技術、士氣，遂行戰術，不斷的自言自語的說「靠前一點！」「慢！慢！不要急！」「集中注意！」「心理上不要輸！」「勝負關鍵在此！」「做好自己的扣球！」「積極些」等。語言是人的第二信號，具有與別人溝通與加強意識或行爲的功能。在競技運動中的眾多動作均屬無意識的反射性動作，但是這些動作須靠多次的有意動作練習才能形成。一流選手的優秀演技是經過多少年的有意練習所形成的。因此，初習者或一般選手需要花一點時間先確認動作目標、要領後進入練習，如是經反覆練習後，該動作會成爲反射性動作。

6.不在比賽動作時的心情練習：

球類比賽中，選手未接觸球的時間相當長。以棒球爲例，攻擊時，除上壘及擊球員外均在球員休息區休息，守隊球員除投手與捕手以外之內，外野手，除非被攻擊手擊出球以外，均無比賽動作。高爾夫球的擊球時間佔整個比賽時間的1%以下，網球賽亦在40%前後而已。由此可知球類選手，雖上場比賽，但是從事比賽動作的時間相當有限。選手可利用這段休息

或未做動作的時間調整因應下一局面的心情。例如利用短暫時
間預測下一個局面或情境以做好心理準備。除了心理準備外，
還得兼顧身體動作的準備。內、外野手、網球選手、排球選手
等應時常活動身體以因應來球。如是，才不會失去救球、殺
球、扣球、捕殺等機會。每位選手宜切記上述要點，切實履行
才好。

㈡心智性的動作練習

在練習或比賽時的動作、表情可以了解選手的心情或態
度。教練的任務是培養能專注精神，在適當放鬆下全力以赴的
運動選手。運動選手在比賽時所需要的心智能力包括忍耐力、
鬥爭心、自我實現意願、獲勝意願、專注力、放鬆能力、自我
控制能力、自信、決斷力、預測力、判斷力、協調（合作）性
等十二種。如能在比賽中完全發揮這十二種能力，相信會有優
異的表現。實際上，可以發現超一流選手在比賽時多呈現包含
上述心智能力的優點、快速、有力等動作或表情。由上述可
知，在比賽場面需要各種心智能力。如以具體動作表現心智能
力即如下。

　1.忍耐力：

雖然開始失利，但不放棄比賽。在艱困情境下設法擊退對
手的攻擊球，絕不自行失誤，面臨拉鋸戰時不會失利，緊追至
最後一球。

　2.鬥爭心：

臉部肌肉收縮表示「幹到底！」的決心，失分時立即設法

扳回，採取積極攻擊性比賽動作，不斷的活動手腳，臉部朝向對方，不斷注視對手，咬緊牙關奮鬥到底。

3.自我實現意願：

想要嘗試新技術，輸是應該的，但是全力以赴，一定要達成得分目標。

4.獲勝意願：

如呈現拉鋸戰，一定設法突破對手，採用獲勝戰術，避免失誤。

5.專注力：

在緊要關頭可以表現有效動作或技術，不會發生輕易的失誤，不會左盼右顧等分神行為，可洞察對手的動作，冷靜判斷對手的企圖，專心注意球路，不介意風向、風速、光線強度、熱冷、觀衆的聲援、揶揄、身體的痛疼不適等。

6.放鬆能力：

手足動作靈活，肩部能放鬆，表情柔和，不會過份用力於比賽動作，動作圓滑順暢，不過份緊張、興奮，少失誤，甚至可顯現微笑。

7.自我控制的能力：

能合理運用專注與放鬆。可以適時變換心情，能保持冷靜的比賽態度。

8.自　信：

動作堂堂大方，設使失誤仍能保持沈著穩定，時常表現自信性動作，能冷靜的進行比賽。

9.決斷力：

在緊要關頭時表現優異的技術性動作，不怕失敗，能巧妙

的改變戰術。

10.預測力：

以理想的戰術進行比賽，不斷的預測對手的動作進行比賽，在休息間或未接觸球時，不斷的意像比賽情境。

11.判斷力：

在艱困的場面，可做冷靜的判斷，在重要關頭能做正確判斷，爲比賽做良好的判斷。

12.協調（合作）性：

比賽時，偶爾喊出聲音打氣，偶然以眼神手勢、動作送出有利信號給隊友，互相彌補，拍掌，輕敲肩膀，以示鼓勵。

如能利用平時練習或實際比賽，訓練上述心智性動作，一定可在比賽中發揮身心及人際間合作的最高能力，創造成績，克敵制勝。

㈢賽前的心理準備

爲消除賽前的心理不安、壓力，有必要做積極的心理準備。這些準備包括：

1.徹底了解比賽場地、設備、器材等條件。

2.分析對隊選手的實力、戰術、優點與缺點。

3.確定比賽前一天或當天早上需要做好的事情。

4.在比賽場的安排（包括飲食、休息等）。

5.確定有關比賽結果、內容等具體目標。

6.培養參加比賽的積極心情。

7.確定技術、體能、心理等戰術，反敗為勝的策略等。

在賽前需要以意像方式切記上述事項。主要目的在腦裡先熟悉未經驗過的本次比賽。如能反覆多次的意像，可產生心理上的餘力，提升參賽興趣。除外，還得注意生活面，身邊事物的安排，以消除後顧之憂。

六、上場比賽

㈠比賽直前：

先做充分的準備運動，然後應有足夠時間等候比賽。練習時以優勝或得獎牌為目標，但是賽前不妨自言自說只要發揮全力，做好最佳動作。

㈡比賽中：

如比賽順利正處於有利狀態時，維持原來戰術，如果失利或繼續失誤，應立即改變戰術，此時宜速斷速決。比賽中領先時，絕不可輕敵或轉為守勢，應乘勝追敵，採取積極性攻擊。呈拉鋸戰時，應燃起鬥志，一分一分的累積得分。

㈢賽　後

參加比賽後，不論勝負應相互肯定對手的努力與奮鬥精神。茲列出勝負者應有的條件如下：

1.勝者的條件：

首先應不保留的享受喜悅。如果並非盡全力或對手放水而

得勝時，當然不值得高興。只要是依事先的計劃，全力以赴而獲得勝利時應該高興才對。其次，在高興之餘，應能體會敗者的心情，比賽結果後自動與敗者握手，稱讚其奮鬥精神或表現，確可以緩和彼此間的競爭感情，並且給對方溫馨的感覺。

2.敗者的條件：

參加比賽後失敗時，多數運動選手會產生不快、失志的心情。但是如將發揮平時實力而失敗時，可能會有坦然、無悔的感受。失敗或賽輸並不恥辱。將失敗做為訓練，在下次比賽時扳回劣勢以求獲勝即可。失敗後保持沈默，自責自己，不如虛心稱讚對手的優異表現。敗者在事後會說出風太大，陽光太強而刺眼，眼鏡潮溼妨礙視線，球拍不好，因為穿新鞋或舊鞋，肘、肩、膝痛疼，因宿醉，睡眠不足，今天的身心狀況不佳，沒有充分練習，因工作或功課忙，感冒，飯後馬上比賽所以身體不適，所用的球不好，失誤太多，場地不平、太硬太軟，經驗差距大，年齡差距大，與練習時間不同等辯解理由。

㈣賽前或賽中的心情調適

一般的運動選手用何種方法調適賽前的不安、恐懼、或是賽中的憤怒、恐嚇？實值得檢討。日本九州大學教授德永幹雄曾以大學運動選手為對象，調查選手們的不安對策。其結果如下：

1.身體的對策分為身體的放鬆與技術練習；2.精神的對策包括：心智能力的活性化、自我暗示、精神性放鬆、技術的意像，集中精神，調整呼吸等。其他的對策包括：設法沈靜興

奮，倚賴他人，積極對話，改變環境，討吉利等。再分男女選
手看實施傾向時發現，有關活性化（Activation）的項目最
多，其次是身體性放鬆、集中精神、意像比賽動作行為、自我
暗示等。相反的，調整呼吸，改變環境，積極性對話，討吉
利，精神性放鬆等的實施率較少。再看各項目實施情形時，發
現「常做」的有「打氣，自我提醒」（男50％，女64％），
「只要盡全力就好」（男45％，女63％），「做好充分的準備
運動」（男47％，女49％），「做深呼吸」（男36％，女56
％）。其次在實施程度上有顯著性別差異的是「請教練、朋友
打氣！」（男5％，女17％），「儘量想起教練、朋友的指
示」（男15％，女40％），兩者均屬倚賴他人的做法。

除外，有不少的選手採用「看書、聽音樂」，「帶護身符
臨賽」，「不計較勝負」，「深呼吸」，「將自己委託給教
練」，「只要盡全力即可」，「自我暗示絕對可勝任」，「閉
眼靜心」等方法。㉓如將上述各種對策予以分類整理，可又分
為身體性對策，精神性對策兩種。

1.身體性對策：

(1)身體的放鬆：方法有①充分的準備運動②實施按摩③扣
　打手、腳、臉部以加強刺激④做柔軟操或伸展運動。另
　外亦可包括肌肉的漸進放鬆法、自律訓練法、生物體回
　饋法等心理學的方法。前者屬動態法，後者屬靜態法。

(2)技術的練習：複習基本技術，為消除無充分把握的技術

㉓　同註⑪、⑯　p141～143

而再次練習該技術。這些技術練習可在充分的準備運動後實施。

2.精神性對策：

(1)精神的活性化：爲達成活性化的目的，可採用「自我暗示絕對不會失敗」、「全力加油絕不放鬆」、「盡全力就好」、「出聲、自行打氣」、「提起精神」等自言自說自想的內容，如是可加強鬥志、獲勝意願、積極性、忍耐力，自我實現意願等心理能力。

(2)自我暗示：可採用「我是強者」，「我是有作爲的選手」等自我暗示，以提升勇氣或自信。

(3)精神性放鬆：爲求精神性放鬆，勿將焦點放在比賽結果或勝負，應重視「實力的發揮」、「享受比賽的樂趣」、「不過份計較勝敗」、「參加比賽時不會失去任何東西」等想法。如是比賽容易消除精神上的緊張與不安，從容發揮平時實力。

(4)意像有利的比賽過程或情境：在腦中意像或描繪「得意的比賽技術、動作表現、對敵動作、戰術」、「已往獲勝場面」、「將有利的戰術納入在大腦中」、「努力獲得對手的有關知識」、「在當場意像獲勝的方法」等。換言之，實施積極性成功意像，以消除內心的不安，提升士氣或比賽心情。

(5)集中精神：可採用「閉眼集中精神」、「靜心閉眼、穩定心情」、「將注意力集中於某一點」等方法。

(6)調整呼吸：可採用「深呼吸」、「集中意識的呼吸」、

「整理紊亂的呼吸」等方法。尤其大而深的呼吸可收到減緩心跳數、放鬆肌肉、集中精神、穩定心理的作用。

3.其他對策：

(1)鎮靜興奮：可採用「喝水」、「看書」、「聽音樂」、「用冷水洗臉」、「排尿」等方法。正在興奮時，如以冷水洗臉或淋頭，確可降低頭溫，使興奮狀態的心理沉著下來。有時可將注意力集中於聽音樂或看書，以鎮定興奮。

(2)倚賴他人：內心裡設定可倚賴或值得依賴的人，然後在內心想看「將我完全托給值得信賴的教練」，「請教練或可信賴的朋友給我打氣」、「想起教練或前輩的指示」等。

(3)積極性對話，可利用賽前或比賽中途，換人後在休息時，與隊友或朋友聊天。尤其與明朗活潑，積極上進者交談時，更能調劑緊張心情，鎮靜過度興奮的心理。

(4)改變環境：暫時脫離團體，獨處一地，仰視天空或體育館的天花板的一點，以便將注意力集中於某一點。

(5)討吉利：例如「脖子掛著護身符」、「穿著吉利運動服」、「賽前喝一口檸檬汁」等討些吉利，以造成積極心理參加比賽。

七、賽後的檢討

一流的選手在參加比賽之後，一定會反省該次比賽的過程

與結果，檢討該次比賽的體能、技術、心理各方面的得失。運動選手若想累積經過選擇的良好經驗，最好能就下列內容做個人及團體的賽後檢討。

㈠對目標的檢討：

檢討此次比賽過程及結果有無達到預期目標？達成度如何？原因何在？

㈡檢討賽中的心理狀態：

可參考競賽心理狀態診斷測驗之十個問題，逐項檢討。如果經過上述診斷測驗結果，得分接近50分時表示心理狀態良好，否則應依檢討項目加強心智訓練。

㈢實力發揮的程度評量：

可以下列公式計算實力發揮程度：

例如評量田徑運動的徑賽成績時可採用，最高記錄÷當天記錄×100，假設某一選手的100m最佳成績11秒正，當天決賽成績11秒4時，$\dfrac{11'0}{11'4} \times 100 = 96.5\%$，如屬田賽中比賽遠度時可採用，當天記錄÷最高記錄×100公尺，假設某一選手的跳遠當天成績是7m34，而最高成績是7m70時，$\dfrac{7m\ 34}{7m\ 70} \times 100$

$=95.3\%$。如果無法以時間或距離求出達成度時，可採用如下

列主觀評量法，以評量實力發揮程度。

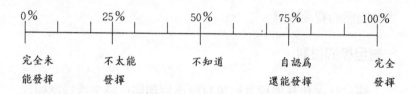

㈣勤記訓練及比賽日誌：

　　訓練時宜每日或每週記述訓練日誌，內容應包括訓練課題、目標、過程、訓練時的得失感想、結果等。比賽時宜將成績、勝負原因、對手的優缺點、教練及同伴的指示、助言、本身的身心狀況、課題等依序予以記述。如是，可做為下次參加比賽時之參考。

八、怯場的預防與消除法

　　只要做過運動選手，代表學校、機關團體，甚至國家參加各級運動比賽者，多少曾嚐過怯場經驗。怯場時無法充分發揮平時所練成的實力，以致前功盡棄。因此，不少運動選手均會想到如何預防或消除怯場的方法。本段擬針對怯場的意義、現象、預防及消除方法做介紹以供運動員參考。

㈠怯場的意義：

　　人在眾人面前從事活動時多少會感受某種壓力，雖然這些

壓力感受有個別差異，但對第一次參加規模大，觀眾多的運動比賽，不少新選手或資淺選手會產生心情不安、無法充分發揮平時實力的現象。所謂怯場便是受環境刺激產生過度的情緒興奮。使身心功能走樣，無法集中精神，失去自我控制的狀態。

　　站在生理心理學立場解決怯場機轉時，已知人的感情或情緒中樞在間腦，而間腦的視床下部有自律神經中區。當人的感情變化，或發生喜怒哀樂等情緒現象時，自律神經機能會變化。自律神經分為交感神經與副交感神經，兩者的作用相反，但平時交感神經與副交感神經的機能會保持調和狀態。但是一旦興奮時交感神經與副交感神經會失去調和，兩者中的一種機能會增強，以引起身體器官機能的變化。當自律神經機能發生變化時，人體內的內分泌也會變化。例如人在興奮時，會促進交感神經機能，由副腎髓質分泌腎上腺素（Adrenaline）。

　　一般來說，參加運動比賽時，會因興奮緊張而刺激交感神經，此時消化機能會受抑制，肝臟會輸出血糖以供身體運動之需要。除外，副腎髓質會分泌胃上腺素，促進心跳數、升高血壓、加快呼吸，使身體能適應激烈運動。但是如果過度興奮或緊張，大腦皮質的機能會發生混亂，以致無法控制自己，充分發揮實力而影響成績。由此可說，「怯場是因過度興奮或緊張，無法做有效適應的身心機能不能正常發揮的狀態」或是江川玟成在所著《指向勝利的心智訓練》一書引用自兒童臨床心理學事典（岩崎學術出版社）所界定的「當解決課題時，發生過度的身心緊張，以引起心理不安、不必要的生理興奮等狀態，以致解決課題的行為發生混亂，失去行為控制的現象」。

㈡怯場的徵象：

具體的怯場徵象可分身體生理、精神心理、目的性行為三面予以形容：

1.身體（生理）面的變化：

心跳加大、加快，血流上升至頭部，身體會發熱。雖然未動身體，但會流汗，臉色會蒼白或變紅，表情僵硬，全身肌肉緊張，感覺口渴、頻尿。

2.精神（心理）面的變化：

感覺周圍的景象模糊不清，無法冷靜注視景象（視覺性認知障礙），對觀眾的聲響或行為過敏（聽覺障礙），無法憶起往事（記憶障礙），無法沈著心情聽取別人所言（注意力的混亂），無法冷靜思考，過份意識勝負，心情不穩，無法注意身體周圍事象，自己的身體好像不是自己的樣子。

3.目的性行為的混亂：

過份用力致使比賽行為或技術速度減慢，動作的韻律、時機發生誤差而失誤增多，因此無法發揮平時的實力。

㈢怯場的原因：

依據分析，怯場的原因可分為環境要因與性格要因兩種。由上述兩種要因相互作用而發生怯場，換言之，性格要因成為背景，環境要因成直接因素而發生怯場現象。以背景因的性格面來說，依據前筑波大學教授市村操一的調查發現，有三種性格要因。一是社會性內向者，也就是說害羞，多想避免社會性

接觸的人；二是喜歡幻想，缺乏客觀看法，具有主觀傾向者；三是具有憂慮性，神經質等神經質傾向者。

容易怯場者對運動比賽的意識特徵有下列幾點：

1.隨著比賽日期的接近，會介意比賽的表現或成績而心情無法穩定下來。

2.會產生非成功或獲勝不可的意識（責任感過重）。

3.想到對手較自己優越時會產生強烈的自卑感。

4.強烈意識觀衆的注視（自我意識過剩）。

5.當認識的人、朋友、異性戀人來觀看比賽時想要有優異表現的意識（高度要求的自我意識過剩）。

6.強烈意識不能輸得太難看（恐懼失敗）。

7.比賽中因失誤而害羞，失去對本身技術的自信。

8.強烈意識不應該怯場（對怯場的過度壓抑）。

9.格外介意心跳、臉色、出汗等生理現象（對身體的過度注意）。

10.今天是否會怯場或會失誤而憂心（預期性不安）。當運動員在內心裡產生上述意識時，會以這些意識爲引爆點，更加介意上述意識而引起身體面、精神面、目的性行爲面的怯場現象。如將上述怯場意像歸納，可歸納爲不安、缺乏自信與過度意識自我的二類。

實際上，凡是運動選手者，多少有上述經驗。問題是發生上述怯場意識時能克制多少。一位運動選手並非從第一次參加比賽後每次都會怯場。有些人也許會每次怯場，有些人會在第一次或前幾次怯場，之後就不會再怯場。江川玟成爲評量運動

選手的怯場程度，製定如下公式：SF＝（A／I）。SF是怯場的有無和程度，A是怯場的促進因素，I是怯場的抑制因素。上列公式中的怯場促進因素是包括環境因素、性格因素與上述十個意識現象。抑制因素是指對抗促進因素的內外部作用或手續。屬於外部作用的是教練、心理咨商家的助言、指示，晚輩的聲援，內部作用的是指本人對比賽的心理修養。依據上述公式，如抑制因素大於促進因素時，該選手不會怯場，相反時會怯場。教練與運動選手如能了解怯場公式的結構，並且努力修養抑制因素時，確可預防或消除怯場現象。

㈣怯場的預防對策

凡是運動選手，應儘量了解自己的人（性）格特質與因應環境的行為特徵，然後在平時練習或友誼賽時不斷注意努力培養針對怯場的對策才是治本之道。由上述已知選手本身對比賽的意識或看法是構成怯場的直接原因。為此，參加比賽前宜注意並調整臨賽心理或心態。茲依賽前須知，平時練習，練習比賽，改善性格等順序敘述預防怯場的對策。

1.賽前須知

(1)勿意識比賽勝負：具體而言，最好不要去想「一定要贏！如果輸的話，眞對不起教練或同伴」，「如果只有我失誤，眞丟臉！」「不能輸得太難看！」等。一般來說，任何一位選手，雖然不刻意意識勝負，但在潛在意識裡定會想到勝負問題。因此，最好能以「勝負不僅決定於實力，有時需要靠運氣。輸是應該的，但既然參賽

如獲改善，立即自我肯定。具體的做法可參考江川玟成所創的五段性格改善法，也就是樹立改善可能感→了解自己→設立改善目標→實踐→自我強化等。雖說性格可予改善，但限於上段所述具有性格特徵者。分裂氣質、躁鬱氣質、偏執質、希斯底利氣質者的自我改善相當困難。爲提供教練與選手參考，條列性格改善的努力目標如下：

(1)練成某種特殊技術或得意的技術。

(2)與隊友、朋友相處時，利用機會提出自己的想法或意見。

(3)儘量虛心的表達自己的心情、感受。

(4)對討厭的事可說「不要」。

(5)在團體交談時，可以明亮的聲音，說出自己的意見。

(6)上課時可以自信的回答問題。

九、採用自律訓練法，以克服怯場

所謂自律訓練法（Autogenic Training）是由德國精神醫學家修滋在七十年前所創的一種自我暗示性訓練法。迄今被利用在心理學家或醫學領域上改善患者的身心疾病。在競技運動上運用自律訓練法以解除緊張、放鬆身心、預防怯場亦有三十多年的歷史。自律訓練法的適用範圍極廣。只要具有普遍以上的IQ與自我控制能力，可適用九歲以上兒童至老年人。適用自律訓練法的症狀，可包括身心症、神經症、強度的不安症、過度緊張症等。亦可應用於消除壓力、疲勞、提升意願、

就應發揮全力！」的想法臨賽。如能以這種心情參加比賽時可疏解緊張不安的心理，容易發揮平時所練成的實力。在比賽中，輪到自己出場而開始意識勝負或成績表現時，不妨對自我說：「不去計較勝負」「平常心以赴」「放鬆些！」等語，如是可減輕或消除心理的壓力。

(2)對觀眾的注視時：最好能自己對自己說，「觀眾不僅注視我，也注視對手、裁判。被人注視並不羞恥，可以不理它」。

(3)對手比自己有實力時：內心自想，藉此機會，磨鍊自己的膽識與技能吧，輸是應該的，但是絕不放鬆，會捉住機會打敗對手。

(4)熟人、朋友、意中人來觀戰時：絕不要顯示想要表現的心態，例如呈現優異技術給他們看等。也許有些選手，在熟人、朋友、意中人臨場觀戰時會產生鼓舞作用，結果所表現的結果會出乎意外的良好。惟須知有個別差異。

(5)在比賽中失誤時：不幸失誤時絕不能心慌。切勿心想糟糕、眞笨等評價性感情。最重要的是不再失誤。對團體性比賽亦同，切勿對同隊失誤隊員抱怨或失望，應給予安慰或提示有效的因應行爲。

(6)內心產生預期性不安時：如果內心一直想「不可以怯場」「是不是會怯場」的不安心理時，不妨自言自說「誰都會怯場，不必自我憂心，假如稍有怯場也不會怎

樣，反而過份意識「怯場」時更為不妙。好，只要自由自在的將平時所練成的發揮出來就可以」。

(7)發生身體（生理）變化時：當接近出場，比賽中發生失誤，心跳加快，背部發熱時，勿介意它。對這些現象的對策有將注意力指向其他事情或身體外部，然後做1～2次深呼吸以消除全身緊張度。此時可配合使用關鍵語，例如在心中自唸「放鬆！放鬆！」「不要慌！不要慌！」「平常心！」等。尤其利用呼氣時放鬆全身肌力並自說關鍵語。如能在平時練習這種自說關鍵語與放鬆動作時，其效果更佳。

2.平時的練習：

如同培養專注力，必須將平時練習當做比賽看待，以比賽心情從事平時練習。其次是假設各種壓力場面做練習，換一句話說應採用模特兒訓練法。捷克的運動心理學家巴奈克所主張的模特兒訓練法有下列三種：

(1)突然指示選手發出最大能力：例如田徑選手以¾的配速跑400公尺時，突然命令該選手在後半段以全速度跑，或是選手在個人能力範圍內練習時，命其發出最大能力堅持到底。具體來說，選手本身以最佳速度跑800公尺時，至最後50公尺指示用全力跑完所剩距離。不過這種練習，不能太多，最多一週實施一次為宜。

(2)給選手高度技術的負荷：練習時重質不重量。籃球投籃或排球發球練習時，可減少反覆次數，但要求提高命中率或發球威力。

(3)將觀眾的壓力導進練習場面：可令選手在長輩、異性前面練習，或利用播放觀眾聲響，加油聲等錄音帶以從事如臨真正比賽場面的練習。

3.活用練習賽：

練習賽可包括友誼賽。雖非正式比賽，但與正式比賽具有相似性格，對於培養適應正式比賽有助益。練習賽或友誼賽，可練成知己知彼的優點，也可從練習賽中發現自己的優點與缺點。學習對方的優點，確可提升更大的鬥志與士氣。練習賽不限於國內，如有機會應多赴國外，與不同性質的對手比賽，以獲取寶貴的經驗。尤其赴國外時可與外國選手接觸，了解異國風俗、習慣、文化、飲食等，對擴展因應比賽能力有相當大的助益。也可以與國內友誼賽的外國選手對戰，以增加有益經驗。

4.設法改善選手個人的性格：

具有社會性內向、主觀性思考傾向、神經質、自卑感重的選手，待人處事多傾向悲觀或否定性態度者，是容易發生怯場的人。具有上述性格特徵者，不妨遵守下列原則力求改善不理想的性格特徵，具體方法如下：

(1)要確信性格可以改變。

(2)徹底把握自己的性格特徵。

(3)決定改善項目，並且將其列成表，由易而難的予以排列。

(4)依難易順序，由容易的項目依順序改善。

(5)針對努力目標，盡力而為。

加強專注力等。

　　自律訓練的內容包括標準練習、默想練習、特定器官公式、意志訓練公式等四種。如果僅針對預防怯場或加強專注力，只採用標準練習即可。標準練習共有六個公式。第一是重感的公式（兩臂、兩腳沈重），第二是溫感的公式（兩臂、兩腳溫暖），第三是調整心跳的公式（靜而規則的心跳），第四是調整呼吸的公式（呼吸舒暢），第五是腹部溫感的公式（胃腹部溫暖），第六是上額涼感的公式（上額涼爽）。實施上述公式時在腦中默唱暗示文，但在其前須先說「心情非常穩定或沈著」之輔助公式。

　　如決定從事自律訓練，最好能每日實施三次，如有困難至少實施一次。而每次練習以10～20分鐘為原則。當採用自律訓練法時，首先宜從第一公式的重感練習開始。只要能做好重感練習，相信第二至六公式也能順利做好。不過在從事自律訓練時須選擇不受外部環境干擾的、無噪音、安靜而稍暗淡、不冷不熱舒適的房間內，並且在實施前先行排尿或排便。宜避免在極端的飢餓或飽食後實施自律訓練。實施者所穿的衣服宜寬鬆，並脫掉手錶、眼鏡、襪子、耳環、腰帶以便寬鬆身心。實施自律訓練的姿勢以仰臥為理想，亦可坐在安樂椅上。重要的是能使全身肌肉放鬆。完成準備姿勢後可開始閉眼放鬆全身力量，保持輕鬆心情，促使腦中成空白狀態。接著做腹式深呼吸若干次，尤其在呼氣時速度放慢，脫掉全身力量。做完上述動作後開始自我暗示。

㈠重感練習

1.重感練習第一步驟：

在進行重感練習或溫感練習時，須在腦中自言自語「心情非常鎮定沈著」「兩（單）臂沈重」等語，以收自律之效。

(1)輕聲自語一次「心情非常鎮定沈著」。

(2)反覆30～60秒說「右臂沈重，右臂沈重」。

(3)輕聲自語一次「心情非常鎮定沈著」。

(4)反覆30～60秒說「右臂沈重、右臂沈重」。

(5)輕聲自語說「心情非常鎮定沈著」。

(6)反覆30～60秒說「右臂沈重、右臂沈重」。

(7)輕聲自語一次「心情非常鎮定沈著」。

(8)反覆30～60秒說「左臂沈重、左臂沈重」。

(9)輕聲自語一次「心情非常鎮定沈著」。

(10)反覆30～60秒說「左臂沈重、左臂沈重」。

(11)輕聲自語一次「心情非常鎮定沈著」。

(12)反覆30～60秒說「左臂沈重、左臂沈重」。

(13)輕聲自語一次「心情非常鎮定沈著」。

當完成自我暗示的練習後，宜立即採取恢復清醒的手續。也就是說仰臥時將兩臂伸上天花板（坐姿時兩臂前平伸），然後做10次臂屈伸的運動，開始屈伸時不須用力，隨著次數增加逐漸用力。做完屈伸運動後，睜開眼睛並做三次深呼吸。依上述方法練習二、三週時，逐漸會體驗手臂的重感；而這些重感是來自手臂肌肉的放鬆。當學會重感練習的第一步驟後可進行

第二步驟。

2.重感練習第二步驟：

是兩臂與兩腳的同時練習，其順序如下：

(1)輕聲自語一次「心情非常鎮定沈著」。

(2)反覆30～60秒說「兩臂沈重、兩臂沈重」。

(3)輕聲自語一次「心情非常鎮定沈著」。

(4)反覆30～60秒說「兩臂沈重、兩臂沈重」。

(5)輕聲自語一次「心情非常鎮定沈著」。

(6)反覆30～60秒說「兩臂沈重、兩臂沈重」。

(7)輕聲自語一次「心情非常鎮定沈著」。

(8)反覆30～60秒說「右腳沈重、右腳沈重」。

(9)輕聲自語一次「心情非常鎮定沈著」。

(10)反覆30～60秒說「右腳沈重、右腳沈重」。

(11)輕聲自語一次「心情非常鎮定沈著」。

(12)反覆自說30～60秒「右腳沈重、右腳沈重」。

(13)輕聲自語一次「心情非常鎮定沈著」。

(14)反覆自說30～60秒「左腳沈重、左腳沈重」。

(15)輕聲自語一次「心情非常鎮定沈著」。

(16)反覆30～60秒自說「左腳沈重、左腳沈重」。

(17)輕聲自語一次「心情非常沈著穩定」。

(18)反覆輕說30～60秒「左腳沈重、左腳沈重」。

(19)輕聲自說一次「心情非常穩定沈著」。

當第二步驟進行順利，已能體會兩臂及左、右腳的沈重感，就可以進入第三步驟的練習。

3.重感練習第三步驟：

是練習兩臂兩腳同感沈重感的練習。

(1)輕聲自語一次「心情非常穩定沈著」。

(2)反覆自說30～60秒「兩臂沈重、兩臂沈重」。

(3)輕聲自語一次「心情非常穩定沈著」。

(4)反覆自說30～60秒「兩臂沈重、兩臂沈重」。

(5)輕聲自語一次「心情非常穩定沈著」。

(6)反覆自說30～60秒「兩臂沈重、兩臂沈重」。

(7)輕聲自語一次「心情非常穩定沈著」。

(8)反覆自說30～60秒「兩腳沈重、兩腳沈重」。

(9)輕聲自語一次「心情非常穩定沈著」。

(10)反覆自說30～60秒「兩腳沈重、兩腳沈重」。

(11)輕聲自語一次「心情非常穩定沈著」。

(12)反覆自說30～60秒「兩腳沈重、兩腳沈重」。

(13)輕聲自語一次「心情非常穩定沈著」。

當完成本步驟練習而能體會到兩臂及兩腳的沈重感後可以進入第四步驟的練習。

4.重感練習第四步驟：

(1)輕聲自語一次「心情非常穩定沈著」。

(2)反覆自說30～60秒「兩臂沈重、兩臂沈重」。

(3)輕聲自語一次「心情非常穩定沈著」。

(4)反覆自說30～60秒「兩腳沈重、兩腳沈重」。

(5)輕聲自語一次「心情非常穩定沈著」。

(6)反覆自說30～60秒「兩臂兩腳沈重、兩臂兩腳沈重」。

(7)輕聲自語一次「心情非常穩定沈著」。

(8)反覆自說30～60秒「兩臂兩腳沈重、兩臂兩腳沈重」。

(9)輕聲自語一次「心情非常穩定沈著」。

(10)反覆自說30～60秒「兩臂兩腳沈重、兩臂兩腳沈重」。

(11)輕聲自語一次「心情非常穩定沈著」。

以上是重感練習的四個步驟，通常要完成這四個步驟，需要3～5週時間。

㈡溫感練習：

當學會並熟練重感練習（第一公式）後，應進入溫感練習（第二公式）；其練習步驟有五。

1.溫感練習第一步驟：

本步驟是左右手分別練習的步驟，其練習時間與次數如同重感練習。

(1)輕聲自語一次「心情非常穩定沈著」。

(2)反覆自說30～60秒「兩臂兩腳沈重、兩臂兩腳沈重」。

(3)輕聲自語一次「心情非常穩定沈著」。

(4)反覆自說30～60秒「兩臂兩腳沈重、兩臂兩腳沈重」。

(5)輕聲自語一次「心情非常穩定沈著」。

(6)反覆自說30～60秒「兩臂兩腳沈重、兩臂兩腳沈重」。

(7)輕聲自語一次「心情非常穩定沈著」。

(8)反覆自說30～60秒「右臂溫暖、右臂溫暖」。

(9)輕聲自語一次「心情非常穩定沈著」。

(10)反覆自說30～60秒「右臂溫暖、右臂溫暖」。

⑾輕聲自語一次「心情非常穩定沈著」。

⑿反覆自說30～60秒「右臂溫暖、右臂溫暖」。

⒀輕聲自語一次「心情非常穩定沈著」。

⒁反覆自說30～60秒「左臂溫暖、左臂溫暖」。

⒂輕聲自語一次「心情非常穩定沈著」。

⒃反覆自說30～60秒「左臂溫暖、左臂溫暖」。

⒄輕聲自語一次「心情非常穩定沈著」。

⒅反覆自說30～60秒「左臂溫暖、左臂溫暖」。

⒆輕聲自語一次「心情非常穩定沈著」。

2.溫感練習第二步驟：

本步驟是兩臂兩腳的同時溫感練習。

⑴輕聲自語一次「心情非常穩定沈著」。

⑵反覆自說30～60秒「兩臂兩腳沈重、兩臂兩腳沈重」。

⑶輕聲自語一次「心情非常穩定沈著」。

⑷反覆自說30～60秒「右臂溫暖、右臂溫暖」。

⑸輕聲自語一次「心情非常穩定沈著」。

⑹反覆自說30～60秒「左臂溫暖、左臂溫暖」」。

⑺輕聲自語一次「心情非常穩定沈著」。

⑻反覆自說30～60秒「兩臂溫暖、兩臂溫暖」。

⑼輕聲自語一次「心情非常穩定沈著」。

⑽反覆自說30～60秒「兩臂溫暖、兩臂溫暖」。

⑾輕聲自語一次「心情非常穩定沈著」。

⑿反覆自說30～60秒「兩臂溫暖、兩臂溫暖」。

⒀輕聲自語一次「心情非常穩定沈著」。

3.溫感練習第三步驟：

本步驟是加上下肢溫感在內的練習。

(1)輕聲自語一次「心情非常穩定沈著」。

(2)反覆自說30～60秒「兩臂兩腳沈重、兩臂兩腳沈重」。

(3)輕聲自語一次「心情非常穩定沈著」。

(4)反覆自說30～60秒「兩臂溫暖、兩臂溫暖」。

(5)輕聲自語一次「心情非常穩定沈著」。

(6)反覆自說30～60秒「右腳溫暖、右腳溫暖」」。

(7)輕聲自語一次「心情非常穩定沈著」。

(8)反覆自說30～60秒「右腳溫暖、右腳溫暖」。

(9)輕聲自語一次「心情非常穩定沈著」。

(10)反覆自說30～60秒「右腳溫暖、右腳溫暖」。

(11)輕聲自語一次「心情非常穩定沈著」。

(12)反覆自說30～60秒「左腳溫暖、左腳溫暖」。

(13)輕聲自語一次「心情非常穩定沈著」。

(14)反覆自說30～60秒「左腳溫暖、左腳溫暖」。

(15)輕聲自語一次「心情非常穩定沈著」。

(16)反覆自說30～60秒「左腳溫暖、左腳溫暖」。

(17)輕聲自語一次「心情非常穩定沈著」。

4.溫感練習第四步驟：

本步驟以兩腳同時練習爲主。

(1)輕聲自語一次「心情非常穩定沈著」。

(2)反覆自說30～60秒「兩臂兩腳沈重、兩臂兩腳沈重」。

(3)輕聲自語一次「心情非常穩定沈著」。

(4)反覆自說30～60秒「兩臂溫暖、兩臂溫暖」。

(5)輕聲自語一次「心情非常穩定沈著」。

(6)反覆自說30～60秒「右腳溫暖、右腳溫暖」」。

(7)輕聲自語一次「心情非常穩定沈著」。

(8)反覆自說30～60秒「左腳溫暖、左腳溫暖」。

(9)輕聲自語一次「心情非常穩定沈著」。

(10)反覆自說30～60秒「兩腳溫暖、兩腳溫暖」。

(11)輕聲自語一次「心情非常穩定沈著」。

(12)反覆自說30～60秒「兩腳溫暖、兩腳溫暖」。

(13)輕聲自語一次「心情非常穩定沈著」。

(14)反覆自說30～60秒「兩腳溫暖、兩腳溫暖」。

(15)輕聲自語一次「心情非常穩定沈著」。

5.溫感練習第五步驟：

本步驟以兩臂兩腳的同時練習為主。

(1)輕聲自語一次「心情非常穩定沈著」。

(2)反覆自說30～60秒「兩臂兩腳沈重、兩臂兩腳沈重」。

(3)輕聲自語一次「心情非常穩定沈著」。

(4)反覆自說30～60秒「兩臂溫暖、兩臂溫暖」。

(5)輕聲自語一次「心情非常穩定沈著」。

(6)反覆自說30～60秒「兩腳溫暖、兩腳溫暖」。

(7)輕聲自語一次「心情非常穩定沈著」。

(8)反覆自說30～60秒「兩臂兩腳溫暖、兩臂兩腳溫暖」。

(9)輕聲自語一次「心情非常穩定沈著」。

(10)反覆自說30～60秒「兩臂兩腳溫暖、兩臂兩腳溫暖」。

⑾輕聲自語一次「心情非常穩定沈著」。

⑿反覆自說30～60秒「兩臂兩腳溫暖、兩臂兩腳溫暖」。

⒀輕聲自語一次「心情非常穩定沈著」。

㈢重、溫感的同時練習：

當練熟溫感練習的五個步驟後，可進行重感與溫感的同時練習。其練習順序如下：

(1)輕聲自語一次「心情非常穩定沈著」。

(2)反覆自說30～60秒「兩臂兩腳沈重、兩臂兩腳沈重」。

(3)輕聲自語一次「心情非常穩定沈著」。

(4)反覆自說30～60秒「兩臂兩腳溫暖、兩臂兩腳溫暖」。

(5)輕聲自語一次「心情非常穩定沈著」。

(6)反覆自說30～60秒「兩臂兩腳沈重溫暖、兩臂兩腳沈重溫暖」。

(7)輕聲自語一次「心情非常穩定沈著」。

(8)反覆自說30～60秒「兩臂兩腳沈重溫暖、兩臂兩腳沈重溫暖」。

(9)輕聲自語一次「心情非常穩定沈著」。

⑽反覆自說30～60秒「兩臂兩腳沈重溫暖、兩臂兩腳沈重溫暖」。

⑾輕聲自語一次「心情非常穩定沈著」。

㈣增進練習效果的訣竅：

不論學習或練習何事，初時或初期的練習最重要。對自律

訓練法來說，重感練習是第一個階段。如能學好第一階段的要領，第二階段以後的學（練）習就不會成問題。茲介紹重感練習的訣竅以供參考。

1. 首先宜注意全身肌肉的完全放鬆，然後配合自我暗示語「心情非常穩定沈著」而脫掉全身力量。同時試做自我暗示與肌肉放鬆，也許在初期會感覺困難，但經過一段時間的專注練習後會很快的習慣它。

2. 自我暗示時切忌意識性、努力性的暗示，而應採用自然的，不太介意的自我暗示法。最重要的是切勿急功好利，儘量順其悠悠自然。

3. 最好能一面呼吸一面在心中唱說暗示文，此時務必保持舒適安逸的心情進行重感練習。

4. 心中唱說暗示文或暗示語時，如能面向該肢體而垂首（閉目）時更容易出現沈重感或溫暖感。

5. 練習中儘量專注精神與自律訓練，勿受雜念或外部環境的噪音影響。

採用上述要訣，自然的將注意力指向手臂或腳，在腦（心）中自說暗示語的心理狀態，並且不受內外刺激的干擾的心理狀態稱謂「被動性專注心」，保持這種身心放鬆狀態才能很快的熟練自律訓練法。重感練習的秘訣可運用於溫感練習。但願各位運動選手能積極參考上述訣竅，練好自律訓練法。如是對提升運動成績必收著效。

㈤應用自律訓練法於怯場的預防

依據實際觀察，又熟練自律訓練法中的重感練習與溫感練習，已能減輕怯場的現象。理由是熟練重感與溫感練習者的內心不安或緊張水準會降低。因此受某一場面刺激所反應的過敏性會緩和不少。運動選手如想完全預防或消除怯場，可採用自律訓練法加意像的因應法。其具體方法是，首先必須熟練自律訓練法的第一（重感）與第二公式（溫感），然後設定不安層次表，例如

1.大會前晚的就寢情境。

2.大會當天的早餐情境。

3.由家（住食地點）出門時的情境。

4.赴大會會場途中，在車上的情境。

5.靠近會場時的情境。

6.開幕典禮的情境。

7.在比賽場內做w－up的情境。

8.觀看其他選手比賽的情境。

9.接近出場比賽的情境。

10.本身或本隊開始比賽的情境。

11.自己在不過份緊張、怯場下順利比賽的情境等。

運動選手如想預防怯場的發生，不妨先實施重、溫感同時練習步驟，然後接著思想不安層次表上的 1.的情境。如能在身心放鬆下思想 1.的情境約30秒時，暫時使腦中空白並心中自語一次「心情非常鎮定沈著」。依上述順序，進行2至11的情境。不

過在實施時切勿一次做完1至11個情境，而每次實施3～4個情境為宜。當能順利做完1到11個情境後，為肯定其效果，再反覆試作2～3次，最後依順序一口氣試作1到11個情境，以確認能不能自我放鬆。如能完全做到，可自言自語說「沒有問題，我已能完全放鬆，參加比賽時可完全發揮實力！」三次。最後，使腦海空白30～60秒，之後採取覺醒手續恢復正常。假如無法以放鬆狀態思想不安情境時，可使腦中空白一時（30～60秒），然後先做重溫感練習。如果經重、溫感練習而身心獲得放鬆，此時再思想不安情境。如果仍無法如意，就停止練習，休息一天後隔一日再試做。換言之，為預防怯場的自律訓練法與脫離不安感的練習絕不能急。必要時可以請教這方面的專家以便進行試做。

㉔　江川玟成　勝利へのメンタルトレーニング（p176～177）　チクマ秀版社　平成4年7月

第八章　意像訓練法

壹、意像訓練的意義及其目的

一、意像訓練的意義

　　如溯起源，意像訓練是導自臨床心理學。眾人皆知催眠法的一種心智試演法（Mental rehearsal），意像試演法（Image rehearsal）便屬於此。後來將這些引用至運動訓練上而稱謂意像訓練（Image training）、意像試（預）演（Image rehearsal）、心智試演（Mental rehearsal）或心智訓練（Mental practice）。

　　所謂意像訓練是指不做實際身體活（運）動，只在腦中意像運動訓練場面或運動過程的訓練（練法）法。對補助實際身體運動練習或訓練極有效的一種訓練法。

　　近年來在各項運動訓練上普遍採用意像訓練法，但其運用範圍相當廣。例如在實際身體練習或訓練中同時配合意像訓練，像拳擊選手所採用的陰影拳擊（Shadow Boxing）與假想對手的一連串攻守動作的拳擊練習法便屬於此。

二、意像訓練的目的

依據研究及實際應用已知意像訓練具有下列五種目的：

㈠為獲得新技術或動作模式：

不少體操選手、滑冰、空手道、擊劍、國術中的徒手等項目的選手，常會在學習新動作或技術時，先在腦中試演這些新動作或技術。這種方法並非起自於今天，自古已有不少高手採用這種腦中試演方法，以學會新動作或技術。筆者在年輕時曾利用練習後沐浴時，或臥床就寢前之短暫時間從事意像練習，在同一時代（民國四十年代）的運動選手中亦有不少人有相同經驗。意像訓練，尤其適用於學會一連串困難動作或技術時。如能利用上下班（學）通勤（學）中的坐車中，集中訓練時休息間息時間時予以實施時更能收效。

㈡為矯正，改善正確姿勢：

當採用實際練習而無法改善正確姿勢時可利用意像訓練。有些選手經過長期訓練後會陷入頓挫（slump）時期，此時如能採用意像訓練法，在腦中反覆意像正確知識時，經一段時間休養而身體恢復疲勞時，可收到再能進步之效。

㈢為做好整個動作前所做的試演能獲得成功

在比賽或試做直前，先行意像試演時可獲得良好結果。其意義可做正式表演或試技前的身心準備與調整。尤其先試演特

別困難或不十分熟練處時可彌補不足。這種意像對體操、溜冰、空手道、拳術等類型的比賽特別有效。

㈣為加強、改善心理機能：

意像訓練對預防參加比賽時容易發生的怯場、適度緊張、不安等相當有效。原來在臨床心理領域中的心智試演法（Montal reahersal）或援用自律訓練法的系統性放鬆法均屬利用意像的技法，對減輕或消除緊張、不安有助益。

㈤為引起動機：

活用意像訓練時可提升練習意願，訂定屬於自己的高目標。例如意像自己在過去榮獲冠軍，打破記錄的情境時，進一步可提升練習意願或訂定更高層次的目標。

貳、意像訓練的一般須知

意像訓練可配合實技練習，也可利用雨天無法從事技術練習時找時間試做。不過在實施意像訓練時必須注意下列事項，首先提出意像練習前應準備的事情如下：

一、基本上應選擇安靜無噪音的地方實施，熟練後亦可在車中實行。

二、實施初期的姿勢以仰臥姿勢為宜，隨著熟練亦可採取靜坐姿勢，甚至亦可在公車、電車、火車上實施。

三、實施的時間並無特殊的規定，如果為改正姿勢，改善心理
　　機能，最好能事先決定實施時間。如果容易在一定天數
　　中，每日定時實施。

四、實施時先行閉眼做數次至十次的深呼吸，以求身心充分放
　　鬆。尤其應配合呼氣時脫掉全身力氣。

完成上述準備後開始做2至5分鐘的意像練習。不過在做意像練
習時應注意下列各點：

一、儘量做鮮明的意像。也許開始時會有模糊不清之處，但經
　　過多次的反覆練習後會逐漸鮮明，必要時可先觀看本身或
　　優秀選手的錄影帶以加強鮮明度。

二、儘量發揮實際操作的感覺做意像；如是不僅可收到的意
　　像，也可收到全身肌肉的微妙反應；甚至有時在意像時會
　　隨伴肢體的實際動作。

三、如有餘力，不妨在意像練習的過程中，在腦中自說關鍵
　　語，例如「兩臂夾緊！」「足頸與膝關節放鬆！」「放
　　鬆！」「平常心」等。

四、實施意像練習時切勿貪心，宜集中目標，將焦點放在一
　　點。千萬不要受義務感威脅感來強迫練習。

　　實施意像練習後儘量放鬆身心，讓腦中空白20～30秒，並
保持舒適的姿勢，如想繼續再做第二次意像練習時，可經過30
秒深呼吸，身心放鬆後再做。做完意像練習，可採用下列程序
恢復正常狀態。其程序是首先緊握雙拳，以刺激腦中樞，握拳
次數以5～10次即可。初時輕握，然後逐漸加重力量。接著深
呼吸3次後睜開眼睛。為收意像訓練的效果，開始練習之後，

最後能連結實施2～3週，而每週實施5～6天。每週休息1～2
天後以新鮮的心情從事下一週的練習才好。實施意像訓練後究
竟持續多少時間較為理想？可視目的而異，其效果亦有個別差
異。如果快的話，可能在兩週後即可見效。意像訓練不必經年
實施，如果已有實施經驗而獲效果者，可在參加比賽之前三週
實施即可。如是一方面可調整身心條件，二方面可試演動作技
術要點，以便參加比賽時發揮實力。

參、利用卡（錄音）帶的意像訓練

　　初次從事意像訓練者也許會感覺心虛不知所措。此時不妨
請教這一方面的專家實際指導或利用錄音帶來實施，日本江川
玫成曾為格鬥項目選手，製造意像訓練用的卡帶（TMMP格鬥技
2）。這卷卡帶由「重視放鬆與速度」等八個主題所成。是為
柔道、空手道、劍道、拳擊、摔角、劍擊、相撲等選手所製作
的。卡帶中每一主題有十五分鐘內容，這些內容包括「放鬆」
「主題文」「意像訓練」「覺醒手續」。在整個過程中插入若
干背景音樂。磁帶一例……就先下手為強的意像訓練部分說明
如下：「現在開始意像訓練，好嗎？請腦中浮想與對手比賽的
情景（場面）。比賽對手以熟悉者或是任何人都可以。好，從
現在開始做2分鐘半的意像訓練，它的內容包括設法摧毀對方
的攻守體勢，擾亂注意力，逼使對手陷入不利狀態的積極攻勢
情境：「預備一起！」經過150秒後再喊「停！」使腦中空白，
保持原來姿勢」。經過上述過程後逐漸恢復平常的覺醒狀態。

肆、更具發展性的意像訓練

意像訓練具有多種目的。但除這些目的外亦可做發展性的運用。

一、可活用意像訓練培養比賽中預測或判斷對手企圖的能力。具體方法是，先使選手觀看某種比賽的錄影帶，並且在觀看中途突然停帶，使選手繼續意像後續動作。然後再繼續觀看後續錄影帶以確認該選手所預測的是正確或錯誤。這種方法可利用於足球、籃球、網球、棒球、柔道、拳擊、摔角、跆拳道、國術對打、相撲等運動項目。

採用上述的方法時，不僅使選手預測比賽的發展過程，亦可令選手參考整個比賽的運作。如是不僅可以磨練對各種比賽場面的正確預測與判斷，也可以學習比賽運作的技術。好像對下棋有興趣的棋迷，觀看職業棋士在電視上的比賽時，會不斷預測高手的下一著棋一樣。如果選手的實力佳，經驗豐富時，較容易猜對相同比賽的發展過程與相對兩位選手的攻守企圖與動作。

二、在實際技術練習中，積極活用意像訓練。自古被常用的假想對打的拳擊練習便是實例，在各項運動練習時應多採用這種方式。一個人從事相同反覆動作時，必定能更集中精神全力做好動作練習。例如空手道選手的踢或擊的練習，連續動作的練習，型的練習等，如果假設對手的存在，做認真專注的試做時，定可以做好擊、踢、連續等攻守動作。在網球或排球的發球時，如果

決定發球線，接著立即意像該發球成功的情景，然後再行發球。同樣的打高爾夫球進洞時，宜先意像能順利進洞的球路。棒球、保齡球的投打亦同。在練習或比賽時如果所意像的是不佳的動作或動作過程，往往在實際比賽時亦會發生失誤。

伍、意像訓練的效果

在心理學的領域自古已知意像訓練的效果。所謂催眠療法；自律訓練法，午睡眠暗示法、行為療法之一的系統性脫力感便是利用意像的方法。上述對暈車、夜尿症、過度緊張或恐懼症有著效。關於意像訓練已有相當的臨床效果，所以也引用至運動訓練上，以提高技術或成績水準。

1987年11月在東京舉辦第二屆國際運動教練高峰會議時，美國著名運動心理學家李查斯因所主講的題目「為提高運動成績的意像訓練」。他在演講中介紹以空手道選手做對象所實施的意像訓練實驗及其結果，說明意像訓練對空手道的技術進步有正面效果。日本的頂尖運動選手採用意像訓練而獲得成功者不乏其人，例如快速滑冰的橋本聖子，巨人棒球隊投手槙原選手，便是採用意像訓練獲得成功的例子。

日本運動心理學家江川玟成曾使用TMMP格鬥性運動的卡帶在比賽一個月前對全日本空手道聯盟的五名男女選手實施意像訓練，結果該五名選手中榮獲個人、團體等金牌三面、銀牌一面。不僅如此，每人均創造本身的最高成績。事後以問卷方面調查心智訓練的效果是，有四人答說「極有效果」，一人答說

「有某程效果」。其具體的感想是可以完全放鬆，身心的感覺靈敏，可以調整身心狀況，亦對提升專注力有效果。亦有選手反應說，應採用意像訓練，可以消除對比賽的不安，在腦裡可以確定動作的意像，身體可依本身意志去充分操作等。由上述可以了解只要實施合理的意像訓練必可得到一定效果。

第九章　心智訓練的具體示例

壹、日本大商學園高中棒球隊的 心智訓練實例

一、前　言

　　任何人均知，人的行為效果與智慧、意願與實踐力有直接關係。競技運動也是行為之一，必須具有強大的體力，高超的技術，聰慧與高昂的精神力，也就是說心、技、體俱強始能創造最佳成績，出人頭地。

　　近一、二十年來世界各國的運動代表隊莫不重視培訓選手時實施心智訓練，不僅如此，不少國家為培訓特優選手成立教練團（包括總教練、執行教練、助理教練、訓練員、運動醫師、營養師、心理學家、聯絡員）以進行多面全盤性訓練。這一次在亞特蘭大運動會獲得女子馬拉松銅牌的日本有森裕子選手便是有一群教練團培訓的實際例子。

　　迄今被認為有效的心智訓練的理論，不外乎自律訓練的漸進放鬆法，採用意像方式的心智訓練法，催眠法等。日本大阪大商學園高中，田口耕二為提升該校棒球選手的成績，著手下列具體心智訓練並獲得著效。

　　田口耕二畢業於日本體育大學以後，應聘大阪大商學園高

中擔任體育教師並指導該校棒球隊。對於熱愛棒球運動的田口耕二，初任高中體育老師並肩負棒球隊訓練時，發現大商學園高中的運動場地狹小，經費短缺，器材不足，選手素質平平等各種不利條件，但是一向不認輸的田口耕二卻找出有效的訓練原則與方法。其原則是選擇適合每一位選手的心智訓練課題，以提升每一位選手的潛在能力；加強團隊的綜合能力，所採用的方法是以說明方式講說選手能接受的方法；其訓練目標是提高訓練績效，參加比賽時能獲勝。田口耕二向學生說明心智訓練效果時，特別強調心智訓練可應用至各方面；例如可加強各種預測（Mental Rehearsal）能力，能多實踐最佳運動行為（Peak Performance），可獲得更多的檢證（Performance Review），亦可使人在自然狀態中動作更加正確。亦對學生強調說實施心智訓練後可提升心中的另一自我，促進自我的意識，使達成更高目標。又補充說，當一個人或團隊對目標發生強烈意願而想要如此正面思考時會產生極大的力量。田口耕二所採用的心智訓練法有二：

㈠**放鬆法**（Relaxation Method）：

其優點是，不論在何處均可自行控制自我。

㈡**意像法**（Imaging Method）：

利用映照的視覺上的影像修正自我的不正確意像。尤其配合自我放鬆法時效果更佳。

二、心智訓練的實際

　　田口耕二所任教的大阪大商學園高中位於大阪郊區之豐中市，學校的棒球部共有50～60名部員，每年雖有20名前後的新生部員，但無經過挑選過的特優選手；學校的運動場僅是80m×60m大小，而該校共有7～8個社團共用上述場地。棒球部（社）只能使用上述¼場地而已。棒球部（社）的練習時間是每日下午3時半至5時半，僅能利用清晨時間使用整個場地（80mm×60mm）練習擊球（Batting）。在這種受各種限制的環境中，田口耕二開始重視心智訓練，並決定「克己求勝」的主題對其實踐。其主要的理由，田口認為心智能力是技術與體能（力）的基礎。他說，一般人通常為解決競技問題時會連想到如何進一步提升心、技、體各層面的能力。尤其受到場地、設備限制的學校，可能會先想到加強體能。田口教練雖着手加強選手們的心、技、體各層面的訓練，但特別重視心智（精神）面。其理由是心智能力是技術與發揮體能的基礎，但亦須了解受天賦（遺傳）的限制。

　　提升心智能力的目的並非加強精神力而已，是以每位選手能正視本身（心中的自我），設法提升潛在能力，使自己能在生活、訓練、比賽時發揮最高能力。另一原因是，因受場地限制無法從事充分的練習，因此採用具體正確的意像練習，可以提高練習品質，利用練習時意像實際比賽場面，使選手提升因應比賽的能力。

　　田口為達到上述目的，在訓練前使選手徹底了解心智訓練

的意義、方法與功效。在此之前，田口耕二參加不少國內外相關學術會議，搜集龐大資料予以整理分析後創造獨特的心智訓練法。其中，值得介紹的是可提升自我管理能力的日誌。這種日誌的內容包括如下：

 1.自我決定長程、中程、短程目標。

 2.決定能支持心理面的人（至少一人）。

 3.自我評量。

 4.對明日（未來）的決心等。

日誌實例：

 1.長程目標：以條列方式敘述8年或10年後的具體目標。

 2.中程目標：以條列方式敘述2年或4年後的具體目標。

 3.短程目標：決定競爭對手，在日記上張貼其照片，明記求勝方法與達成年月日（半年、1年）。

 4.決定能做精神支柱的人，可感謝的人，例如某老師、父母、某學長等。

 5.嚴格的自我評量：根據28項評量項目，冷靜的予以五個階段的評量：5最佳、4良好、3普通、2稍差、1不良，然後將各項的評量分數與總分記在日記內。

 6.對明日的決心：根據28項評量結果，分析應努力改進的地方。

28項自我評量項目與五階段評分

	最佳	良	普通	稍差	不佳
(1)有無意識最後(長短)目標從事練習。	5	4	3	2	1
(2)有無意識中程目標從事練習。	5	4	3	2	1
(3)有無意識短程目標從事練習。	5	4	3	2	1
(4)始終有無精神依賴者。	5	4	3	2	1
(5)能多做對行爲的準備工作。	5	4	3	2	1
(6)所做行爲是100%成功。	5	4	3	2	1
(7)使用熱量的效力如何。	5	4	3	2	1
(8)是否能以正確的姿勢、方法練習、比賽。	5	4	3	2	1
(9)是否善用時間。	5	4	3	2	1
(10)是否意識所說的話。	5	4	3	2	1
(11)是否積極。	5	4	3	2	1
(12)有無做到正面的意像。	5	4	3	2	1
(13)中途有無努力將失敗轉變爲成功。	5	4	3	2	1
(14)是否能放鬆。	5	4	3	2	1
(15)能與大家合作。	5	4	3	2	1
(16)有無向極限挑戰。	5	4	3	2	1
(17)能否活用個人指導。	5	4	3	2	1

	最佳	良	普通	稍差	不佳
(18)能否活用團體指導。	5	4	3	2	1
(19)能否遵守團體內的指示。	5	4	3	2	1
(20)日常生活如何。	5	4	3	2	1
(21)上課態度是否良好。	5	4	3	2	1
(22)是否攝取充分、平衡的營養。	5	4	3	2	1
(23)是否做到練習後的收拾工作。	5	4	3	2	1
(24)是否充分做好個人練習。	5	4	3	2	1
(25)今天是否做到徹底的反省。	5	4	3	2	1
(26)是否多做明日的決心。	5	4	3	2	1
(27)是否充分休息、睡眠。	5	4	3	2	1
(28)是否打敗另一位自己。	5	4	3	2	1

參加比賽前的檢查（Check）：為確認比賽前的心理準備，並且憶起比賽時發揮最高能力時需要那些？可在比賽前利用短暫時間，以意像訓練中的自說要領就下列各項予以評量：

	最佳	良	普通	稍差	不佳
(1)昨夜是否睡的很好。	5	4	3	2	1
(2)昨夜的自我身心調整情形如何。	5	4	3	2	1
(3)今晨起床時是否感覺身心爽快。	5	4	3	2	1
(4)今晨的自我身心調整情況如何。	5	4	3	2	1

(5)今晨的意像訓練如何。	5	4	3	2	1
(6)早上的自說（Self talk）如何。	5	4	3	2	1
(7)早餐的攝食感覺如何。	5	4	3	2	1
(8)身體的狀況如何。	5	4	3	2	1
(9)心理狀態如何。	5	4	3	2	1
(10)對達成本次比賽目標的自信如何。	5	4	3	2	1
(11)放鬆的程度如何。	5	4	3	2	1
(12)清醒的程度如何。	5	4	3	2	1
(13)自己的理想心理狀態的程度。	5	4	3	2	1
(14)對本次比賽的正面意像如何。	5	4	3	2	1
(15)對本次比賽的專注力程度。	5	4	3	2	1
(16)正面（有益）思考的程度。	5	4	3	2	1
(17)正面的自說（Self talk）程度。	5	4	3	2	1
(18)與教練的正面性溝通。	5	4	3	2	1
(19)你是天才啊。	5	4	3	2	1
(20)很想參加比賽，似已等不及。	5	4	3	2	1

心智訓練的實際：

1. 使用錄音帶的心智訓練：利用星期一至五的中午休息時間（35分鐘）實施20分鐘的心智訓練。也就是說利用中午休息

時間閉眼躺在體育館的地板上聽心智訓練用的錄音。錄音帶共有20卷，每日聽1卷，一個月聽完所有錄音帶。聽完錄音帶後感受填記在訓練記錄內。記錄表的格式如下：

| (1) | (2) | (3) | (4) |
| 日　期 | 時　間 | 內容名稱 | 場所與姿勢 |

(5)	(6)
放鬆反應的結果	專注程度
（手掌）（肚子）（前額）	

| (7) | (8) |
| 意像鮮明度 | 意像內容與感想 |

記錄時應參考記述例，第(5)(6)(7)第三項以D……不太清楚，C……普通，B……良好，A……非常好等記錄之。記錄用紙不足時可影印後使用。

　　田口耕二教練所採用的錄音內容有二；一是業者所製作的基本性內容，例如「放鬆身心」用，二是教練所錄的有關擊球、野手、跑壘時的心智預演等，也有提升比賽能力為目標或營養攝取的錄音帶，實施心智訓練時以學生自動參加為原則。

2.實施心理訓練、體能測驗並以自我評量做比較，以找出優缺點，以便進一步改進與突破。

3.針對教練的選手要求：每年至少實施一次選手對教練的詳細書面要求（期望）。

4.今後的指導（教練）方針

(1)以宏觀做正面思考，不自作圍墻，不斷的自我努力。

(2)並非反省，而是站在各種角度檢查（Check）訓練、比賽及本身的一切。

(3)言語是人的，能說即能做。說話時多思考，宣言後應行動。

(4)不可輕易放棄，不斷的思考如何接續下一個行為或事情。

(5)絕不生氣（發怒），認為是一個機會，立即尋找可以立即做到的學到的東西。

(6)為發揮最高成就應「Take it Easy」，以輕鬆心情處事。

(7)應致力於修正軌道與積極挑戰。

(8)常虛心自我進修。

三、結　語

際此重視選手精神能力訓練時，介紹具體的心智訓練法給國內各項運動教練做參考。最重要的是先行了解每位選手的人格特質，心理健康程度，然後引起積極意願使其自願從事訓練才是上策。本篇係介紹性質者，最好由各位教練創造更合理有效的心智訓練法才是上策。

貳、各項運動的心智訓練

一、運動技能的學（練）習與心智訓練

為進一步提升運動比賽成績，各國均致力於開發更有效的科學訓練法。有關心智訓練亦不例外，在1964年第18屆東京奧運會時，已有若干先進國家採用由自我催眠所發展的自律訓

練法。至1984年第23屆洛杉磯奧運會時，美國已採用「認知性抗拒壓力法」或是「積極思考法」於選手的心智訓練上。近年又開發電子儀器，使教練或選手能透過影像管觀察腦波或皮膚溫；將腦波變換為聲音，使選手能知覺神經生理狀態的心理回饋（Pshych-feed back）法，使選手能學（練）習自我放鬆。除外，有運用傳統性瑜珈、坐禪等呼吸法、全身肌肉漸進放鬆法、諮商法、意象複演法、認知性運動準備行為等各種方法培養或指導出類拔萃的選手。

在眾多心智訓練裡最具知名度並且採用最多的是意象訓練法（Image Training）。在認知心理學中最能獲得廣泛支持的意象模特兒是柯斯林的模特兒。柯斯林認為意象是由視覺的長期記憶和視覺緩衝器（Buffer）的系統所構成。在長期記憶庫裡儲存多樣的成為意象素材的知識，而以這些知識產生意象。產生的意象會輸送至視覺緩衝器，而視覺緩衝器裡存在著類似影像管的顯示媒體。由長期記憶庫中的知識所產生的意象轉送至視覺影像管後，會使人產生知覺外界事物的相同現象。這種心理現象便是意象機轉。人的意象作用不僅限於視覺、聽覺、運動感覺也會產生意象的對象。

上述「意象」的機轉，但是為什麼意象訓練可以促進運動技能的進步？依據以往的研究，有兩種學說支持意象訓練的效果。其中之一是認知說。認知說是以「知覺與意象處理過程具有相似性質」為依據說明意象訓練的效果。在運動場面所要求的能力不僅是巧妙操作身體的能力，還得具備了解正確的狀況，選擇正確的反應，正確的預測判斷等能力。在運動時，伴

隨各種認知的技能稱為認知性技能，這種技能無法由單純的身體運動獲得，必須經由隨身體運動所發生的探索判斷、解釋等精神活動的結果始能獲得的技能。此時透過知覺的精神活動與意象的精神活動相類似，而其處理結果亦相同時，使用意象訓練以獲得伴隨精神活動的運動技能是可能的。這種事實已由不少有關學習理解系列性動作或是學習預測判斷等實驗獲得意象訓練效果的證明。

　　第二種學說是精神神經說。這種學說是站在運動的意象，仍伴隨如同實際運動時的生理反應的立場，認為可由意象訓練提升運動系的活性化。這種學說曾經過多次神經生理學實驗獲得意象訓練時與實際運動時之神經興奮有相同之處的結果。

　　上述意象訓練的學說，已證明其實際效果。但是在實施時應進一步了解有那些因素會決定意象訓練的效果。意象化的能力包括操作意象方向，改變意象的統御性能力與控制意象鮮明度的鮮明性能力。在運動技能的學（練）習裡，視覺性意象與肌覺性意象的鮮明性能力極為重要。除外，統御性與肌感覺的鮮明性對意象訓練效果的影響最大。視覺性意象的鮮明度在統御性能力高時會發生效力，如果統御性能力低時反而會降低意象訓練的效果。意象能力具有恆常性質，並且熟練者多較初學者具有較佳統御性與鮮明性。由此可證明透過多年身體練習或意象練習可以改善意象化的能力。

　　運動意象可分為外意象與內意象。將自己的視點放在外面的稱為外意象，放在內面的稱內意象。所謂外意象是觀看正在試做動作的別人或自己的意象；內意象是意象正在動作的自

我。依據以往的研究，利用內意象法比使用外意象法容易獲得訓練效果。理由是採用內意象法時，因動作主體是自我，可以正確的把握自己的四肢關係或是外界與自己的關係。亦由腦波或肌電圖發現內意象時與實際運動時的情況相似的結果顯示，內意象確可提升運動系活動的功能。因此，教練在指導選手從事意象訓練時，宜強調採用內意象法並且儘量給予調整良好的意象條件才是。

已知意象訓練對運動技能的學習有助益，但是初學者與熟練者之間確有效果上的差異。一般來說熟練者比初學者來得有效，但亦有技能別的差異。通常實際運動技能比認知性技能的效果高。以投籃技術為例，採用身體練習的進步率與採用意象訓練的進步率相比較時，熟練者的進步率大致相同，但是初學者的意象訓練的進步率極小。理由是熟練時會長於內意象，由動作的組成、肌肉的興奮、運動系的活動均會被活性化；除外，因不斷積蓄實際動作的反覆練習，以致提升自我評價能力，可以正確的評量所實行的運動過程（技術），對認知性技能來說，不論熟練者或初學者均能收到相當的效果。但是須切記，意象是反映本身所具有的知識，所以如無充分而且正確的知識時所描繪的意象不會完整或完全，當然無法獲得預期的訓練效果，為彌補這些缺點，初學者應在平日多觀賞自己的錄影帶才好。

教練在實際指導選手從事技術訓練時，最好能一併實施意象訓練。不過在實施意象訓練時最好能編入在身體訓練間。理由是，專門實施集中性意象訓練時，容易產生精神疲勞，其動

機或意願也會減低。如能在身體運動之前、中或後實施短時間的意象訓練，其效果可能更好。不過在實施時應使選手了解意象訓練的意義、方法、功效等，並且說明在整個訓練中應在何時何地實施的要點。除外尚須注意運動選手的個別差異，儘量滿足運動選手的知性好奇心，使其能主動積極的從事有效的意象訓練。

二、各項競技運動的心智訓練

㈠排球的心智訓練：

在我國的排球界，可能很少應用心智訓練於集中訓練或平時訓練上。筆者在1994年7、8兩月間兩度赴左營訓練中心探望並輔導我國參加第12屆廣島亞運代表隊的總集訓，其時曾給女子排球隊教練分析U－K測驗結果，並提供針對選手個別差異的心理指導法。但是未聞女子排球隊採用心智訓練以提升訓練績效之事實。排球先進國家的古巴女子排球隊，在參加1992年巴塞隆納奧運會前數年，爲實施專注力的訓練，特備一面特殊場地，並且請心理學家擔任管理與輔導；古巴男子隊與加拿大男子隊在遠征日本時，請運動心理學家隨隊輔導。美國男子隊在1984年洛杉磯奧運前，爲落實心理性合作，曾赴洛磯山過著爲期一週的帳蓬生活。至於解體前的蘇聯更不用說，在參加國際奧林匹克運動會時均將運動心理學家列爲代表團成員之一，以便參加比賽時協助選手克服各種心理問題。有鑑於此，日本奧林匹克委員會自1991年起組織心智管理班，與日本排球協會

科學研究會合作，對全日本男子排球隊在集訓時，實施下列若干嘗試：

    1.講授有關競技成績、頂尖狀態時的心智表現。

    2.實施SPPT測驗，以分析「對教練的信賴」、「對本隊的才能感覺」、「隊員間的人際關係」。

    3.選手對領導行爲的反應。

    4.到比賽時的心智調整（POMS）的測驗與成績的關係。

    5.有關技術、戰術、心理性技術的自我認知與他人認知的差距測驗。

    而在1992年第25屆巴塞隆納奧運年，日本排球協會爲提升選手戰力，採取下列措施：

    1.實施上述各種調查或測驗，以供教練參考。

    2.實施晤談，對象包括參加巴塞隆納奧運會的全日本男女代表隊的教練及選手，晤談內容包括比賽經驗、參加奧運時的身心情況、對訓練的評價、與教練的關係、隊內的人際關係等。

    3.檢討可能做心理支援的事項，這些事項包括：

    (1)可支援的助言。

    (2)能活用與實際的心智訓練。

    (3)其他可能支援的心理事項。

    以(1)的可支援的助言來說，包括場地內外所能想到的心理技巧、選手失誤或全隊陷入緊急狀態時的因應策略等。

    具體的方法有使用錄影帶的回饋（經分析專家的解析）、積極思考、自我暗示、意象訓練等。至接近巴塞隆納奧運時，

為因應周遭對選手們的期望與壓力，心理小組研擬解除壓力或參加奧運期間的生活方式，使用心理技巧等辦法並印成小冊，分發給每位選手以供每日閱讀。這本小冊子的內容包括

　　1.壓力消除法。

　　2.日常生活須知。

　　3.為發揮能力的心理技巧等。

　　參加巴塞隆納奧運後經調查得知，有8人回答說常讀上述小冊子，並且收到相當效果。

　　心智訓練的重要內容包括設定目標的動機訓練、心理調整（放鬆、專注、不安、複演）與有關技術、技術的認知訓練，尤其剪接並編集攻守實況的實際比賽狀況的錄影帶，以供選手觀察各種攻守情況，培養判斷、因應、系統性攻守能力為最重要目的。除外，如在選手練習時有專屬的諮詢專家或心理輔導家時，更能了解選手各種的心態與人際關係，並且進一步提供良好的助言或策略給教練參考，以上敘述是引用日本福岡大學山本勝昭的報告所撰的。

㈡棒球的心智訓練：

以如何了解棒球選手的心理問題與評量為主。

　　1.棒球選手所必須具備的精神能力：

依據哈貝多夫著，白石豐譯的《棒球的心智訓練》，所介紹的精神能力，應包括：

　　⑴設定適切目標的能力。

　　⑵自我引起動機。

(3)感情控制。

(4)專注力（集中力）。

(5)嚴密的準備。

(6)自信。

(7)放鬆等。

2.棒球選手的精神能力的評量與分析：

日本福島大學白石豐採用下列方法評量並分析棒球選手的精神能力。

　　(1)採用晤談的問診：以自然親切的態度與選手面對面晤談，其內容包括打棒球的現在感受，身心狀況、家庭、學校、朋友、嗜好等。而由晤談中觀察選手的自然表情、言行及內容，以便把握該選手的精神特徵。

　　(2)採用問卷調查法的評量：為彌補晤談的不足，往往在晤談前，實施心理測驗或問卷調查。經多年的研究已知，愈屬一流選手，愈了解本身的精神優缺點，因此只要能誠心合作，問卷調查的結果，確可做為評量的依據。

　　3.練習及比賽時的行為分析：

　　最好的方法是使用錄影機錄下選手的練習或比賽的整個過程，以便事後仔細分析該選手固有的行為模式。但是分析重點並非在技術而是選手在練習時的無意動作或表情、姿勢等。心理學家可由選手的行為、表情、姿勢分析當時的心理狀態。網球心智訓練權威吉姆・雷亞經長年研究結果，發現選手在比賽時的心理狀態，可分為四種，並且可由特徵性動作發現它。這

四種心理狀態是：

(1)絕望的狀態：動作無力，常會說理由，喪失鬥志，其熱能狀態低而消極。

(2)憤怒的狀態：心情不安寧、表情險惡、口出惡言等為特徵，熱能狀態相當高，但具否定性質。

(3)神經敏感的狀態：手忙腳亂，雖然想盡全力，但是極為神經敏感，患得患失心強而有快被壓扁的表情，其熱能狀態雖積極但相當低。

(4)充滿挑戰心的狀態：態度極富自信，不懼壓力、具有餘力的表情是其特徵，其熱能狀態高而積極。

上述四種心理狀態中能與獲勝發生正面關係的是(4)的充滿挑戰的心理狀態。雷亞稱這種心理狀態為能充分發揮實力的理想心理狀態（Ideal performance State）。因此運動選手在平時訓練時應將學會提升上述心理狀態的技巧放在心智訓練的重點上。以上引用福島大學白石豐教授的論說，敘述棒球選手應具備的精神與評量分析方法，至於具體的心智訓練即可參考心智訓練的專門文獻或參加研習。

㈢網球的心智訓練：

屬於隔網擊球類的網球，受不少人的喜愛。其原因之一是變化多，同時又需體力、技術與智慧始能打好的運動。打網球時可以發現比賽時與中斷比賽時的時間比，以後者為長，大約佔70～80％，因此球員在中斷時間常會因剛才的表現而產生各種心理感受。如何自我控制死球時間的自我是打贏網球的秘訣

之一。

談及網球心智訓練，應先探究選手們的心理問題在何處？然後對症下藥的採用各種心智訓練法始能收效。依據東京工業大學教授石井源信的研究，軟式網球比賽時所發生的心理問題的因子有下列13種：

(1)缺乏專注力：往往會在機會球或重要時分時發生失誤，在決勝球或決勝局的競爭力弱。

(2)不安、萎縮：常會想到失敗，失敗後會受他人何種批評而內心感不安或痛苦。常在腦海中浮顯出過去的失誤事象。

(3)憤怒、焦慮：對裁判的誤判、對方的諷刺會動感情，無法充分發揮技能的心理會動搖。

(4)過度緊張、混亂：因怯場而失去自我，自出生就容易緊張，受到壓力時想要逃避，在不利的狀況下會呈現驚慌失措狀態。

(5)意志消沈、絕望：不會燃起絕對不輸的意願，艱苦時會立即發生絕望心態，碰到強敵時會意氣消沈。

(6)輕敵、焦急：當領先對方時會鬆口氣，對方弱時會輕敵而鬆懈。

(7)無霸氣：在態度或表情上立即會顯現出不安。失誤時立即會沮喪不安。

(8)否定性思考：當多次失誤時會發怒，並且會討厭自己。身心狀況不佳時會神經敏感。

(9)易受環境影響而動搖：容易受風雨的影響，因配對或比

賽對象而動搖信心。

⑽相信同伴：同伴失誤時會憤怒不滿或發生心理動搖。

⑾身心情況不佳：重要比賽的前夜無法入睡，比賽當天沒有食慾。

⑿因期望的壓力：過分介意周遭的評價，為表現自己而努力過度，過份留意周遭的眾人而無法專注精神。

⒀慎重：領先時會慎重，在重要得分時會過分慎重而失誤。

了解網球選手的心理問題後，可進一步採用Y－G性格測驗，U－K精神作業測驗、TSMIR度、TEG等做為分析選手的人格及心理問題的依據。至於採用何種方法來解決或消除選手的心理問題較為妥當？依據迄今的研究，已知可採用加倍苦練、坐禪、討吉利、自我暗示、處罰性練習等。日本石井源信曾實施問卷調查以決定對國中及高中學生採用何種方法來因應心理問題，結果獲得下列幾種方法：

1.在日常生活的因應法：

⑴在場外的自我控制：包括常做積極性的思考、感情控制、意象訓練。

2.練習時的因應法：

⑵練習時的意識法：包括馬上要參加比賽、盡最大力量從事練習、意識為何要練習，以連續不失誤以造成緊張狀況。

⑶想像狀況的練習：包括付與困難條件的練習、培養判斷力的練習、能習慣受揶揄或譏笑的練習、在妨礙專注力

條件下的練習、假想對手的練習。

3.比賽前的因應法：

(4)精神性的放鬆：包括閱報或看漫畫、聽熱門音樂或靜寂音樂、躺臥在寂靜的地方。

(5)集中精神：包括閉目冥思、以自我暗示加強信心、以手拍臉或拍身體以自我打氣。

(6)明朗活潑的舉措：刻意表現明朗活潑與同伴聊天。

(7)收集對手的情報：取得有關選手的各種消息或情報，內心裡期望打敗討厭的對手。

4.比賽時的因應法：

(8)拋開一切，改變心情：拋開一切念頭貫注比賽、失誤時立即改變心情、認爲結果會跟著來、盡全力聽天命、賽至最後一分鐘絕不服輸。

(9)自我暗示：攜帶護身符、自我勉勵的關鍵語、爲穩定心的儀式、在球拍上寫上座右銘以便專注集中力。

(10)打氣與威壓感：以聲音或眼神壓迫對手，喊出大聲自勉。

(11)視線或呼吸的控制：控制視線，凝視一點、將注意力集中在呼吸上。

(12)有自信的態度、舉措行爲：堂堂正正的態度，使對手認爲極有自信。

5.對同伴的因應法：

(13)同伴之間的配合協調：確認注意、使同伴能完全了解、擬定戰術臨場比賽、說出我們的比賽方法、靠近同伴予

以鼓勵。

上述因應法可歸納為依靠心情與依靠改變行為的兩種。不論如何，在參加比賽時必須了解自己與對手的個性、技術、戰術甚至比賽環境等因素，善用上述方法以加強因應的能力，始能在比賽時有良好的表現。

在日本曾有不少網球教練及選手，採用東京學藝大學教授杉原隆所開創的「網球選手心智訓練內容」的錄影帶。這個錄影帶的內容是採用呼吸法以提升專注力、放鬆、意象控制等能力的基本方法及解決比賽時的心理困擾、最佳身心狀態時的意象訓練法等。其10次的心智訓練內容如下：

第1次：對心智訓練的引起動機，說明節目內容及自我分析。

第2次：引入呼吸法：解決心理困擾之一，失望、放棄、輕敵等。

第3次：採用呼吸法的專注訓練與放鬆：解決心理困擾之二，過份的用力、緊張、萎縮、不如人。

第4次：採用呼吸法：解決心理困擾之三，消除不安心理。

第5次：保持殘像：解決心理困擾之四，茫然失去自我。

第6次：保持殘像與控制：解決心理困擾之五，沒有意願、不想參加。

第7次：殘像的控制：心理困擾的自我分析。採用達觀法，肯定性思考的「關鍵語」研究（Key Word）。

第8次：球像的視覺性控制：使用解決心理困擾的關鍵語

的意象訓練。

第9次：球像的視覺性、觸覺性的控制：最佳身心狀況的意象訓練。

第10次：對比賽的心理準備：確認解決心理困擾的解決方法，包括一週前，二～三天前的心理準備。

以上僅以介紹若干心智訓練的具體例子給教練與選手，最重要的是將其納入平時訓練及比賽始能收效。

參、爲獲勝的意象訓練法

曾擔任代表日本速度溜冰選手黑岩彰，參加1988年卡嘉利冬季奧運會男子500公尺速度溜冰榮獲銅牌的教練，專修大學教授前嶋孝在所著《爲獲勝的意像訓練法》㉕中，提出利用意像訓練的獲勝五個條件。這五個條件是樹立自信心，將失敗轉變爲成功、善用緊張、維持專注力、準備新挑戰，茲依順序敍述如下：

一、樹立自信心：第一個條件是樹立自信心。選手如經意像訓練而已在腦中獲得「擬似體驗」，可在相當的緊張感覺中能發揮實力時，當臨場參加比賽時亦可以安心的充分發揮平時的實力（理由是對選手而言，只不過是重覆一次體驗而已）。如能加上成功的意象時，其自信心會更增強。

㉕　前嶋孝著　勝つためのイメージトレーニング（p176～177）　ごま書
　　房　1991年12月

二、將失敗轉變為成功：任何一位傑出人物，在做事的過程中難免有失敗的經驗，在從事意像訓練時，也會有失敗情事的意像。問題是能不能虛心的接受失敗的事實與教訓，然後設法克服這些失敗。

三、善用緊張：任何人參加正式比賽時，難免會緊張。過份的緊張會產生身不由己的現象而導致失誤或失敗。如發生這種過度緊張時如何去因應它？為此必須在意像訓練中體驗過份緊張，並習慣它，甚至將過份緊張調整為適度緊張，使身心能發揮全力。

四、維持專注力：參加比賽時如專注力不繼或中斷定會失敗。比賽過程中受身邊周圍的刺激而分散注意力時，當然無法發揮平時所練成的實力。如能透過意像訓練、集中意識於某一點時，絕不會受周圍因素的影響。

五、準備新挑戰：任何人均會參加畢生中最重要，最盛大的比賽。對未知或未曾經驗的亞運會、奧運會想要有優異表現，必須在事前造成鮮明的比賽意像。如是參加正式比賽時絕不會有生疏感，也不會有不安感。

當了解意像訓練的功能及利用意像訓練獲勝的條件後，擬以條列方式介紹能樹立自信、轉敗為勝（成功），善用緊張、維持專注力、準備新挑戰的有效意像訓練法如下：

一、樹立自信心的意像訓練法

㈠考慮本身的身心狀態、成績、訓練環境，確定具體可達

成的大、中、小目標；例如參加奧林匹克運動會為大目標，亞運會是中目標，區運會是小目標等。然後利用明確的意像訓練，先體會參加區運會的實際情況，獲得鮮明的體驗後，再將目標指向於亞運會，甚至奧運會等。意像訓練時可使用錄影帶等實際比賽記錄片，以加強意像鮮明感與效度。

㈡思考並研究達成上述，小、中、大各目標的具體方法。要達成具體的目標，必須做到知己知彼的情景，然後擬定能克敵致勝或達成目標的——包括心、技、體的訓練計劃，甚至在實際比賽時採用何種攻守策略等。

㈢假設無法立即確定具體目標時，可從想要著手的事情開始做意像訓練。尤其對不太認同意像訓練效果的人常有這種現象。如遇到這種情形時不妨告訴選手說自行反省想要加強的是什麼？然後針對應加強的部份實施意像訓練，例如自認為口才不佳者，可意像在眾多觀眾前，滔滔不絕的演講情景等。

㈣不一定依一定順序做意像訓練，可由想要先做的開始試做。在腦海中意像某些事像為主的訓練……如自我催眠、自律訓練法等，均須在仰臥或舒適的坐姿，先調整呼吸，然後逐漸放鬆肢體，最後才進入意像訓練，當然依上述程序進行意像訓練有其效果，但是前嶋孝所倡導的意像訓練法沒有一定理論程序。只有在事前，放鬆身心始可進入意像訓練。例如明日必須參加鋼琴演奏者，只要放鬆身心後，閉眼意像上台向眾多觀眾行禮，然後以穩健步伐走至鋼琴前，調整椅子高度後安穩的坐好，經過短暫時間的靜心後開始演奏即可。以實施有效的意像訓練來說，最重要的並非拘泥於實施細則，而是設法學會完全

放鬆身心的方法。如感覺到在泡澡時最能放鬆時可利用泡澡時，就寢時入睡前最能放鬆時可利用入睡前這一段時間從事意像訓練。

㈤貫徹始終，不放棄成功的意像訓練。運動選手中有些人生平較富自信心，但亦有些人因本身的天賦或意願等關係，缺乏自信心。此時如採用具有強烈企圖心與自信心者與缺乏自信心者成一對進行訓練時，效果會比單獨練習時良好。最重要是，不論何種小目標，為達成該小目標，其意像自始至終要有合理過程。如是可在腦中刻畫鮮明的成功經驗，而樹立自信心。

㈥想要從事有效的意像訓練，須在安靜的場所以舒適的姿勢（臥姿、坐姿）閉著眼睛開始試做。必要時可播放優美韻律的音樂，如是可以促使身心放鬆，並且選擇主題做有效的意像練習。這些主題最好是過去成功的經驗狀態。必要時，可將過去達成目標或獲勝時的照片貼在房間內，以供隨時觀察做為意像時的依據。

㈦為樹立自信心從事意像訓練時，除了採用上述方法以外，亦應注意下列各點。

1.實施意像訓練前，實施者本身要有獲勝意願而不可存有能不能獲勝的疑心。

2.意像時勿以理想的對象（對手）的姿勢為目標，而是以打敗理想對象的本身姿勢或行為為目標。

3.意像因成功或獲勝而喜悅的本身，也應意像被人喜愛的自己。

4.將現在的本身實力放在腦中，然後描繪獲勝時自己的狀態。

5.每日照鏡子，將努力達成目標的自己記在腦海中。

二、將失敗轉變爲成功的意像訓練法

㈠意像時如在腦海中浮出失敗情景時，應虛心接受它。一般人或選手都會想，從事意像訓練時應以成功實例爲佳。實際上如有經驗者，會發現在意像中浮出成功或失敗的意像。運動選手亦同，在漫長的訓練，比賽期間雖有成功機會，達成目標的經驗，但是可能有更多的失敗或挫折經驗。因此，在意像時可能會在腦中浮起挫折或失敗的情況，此時絕勿中止意像，應從意像中找出失敗或挫折的原因，以爲修正改進的依據，如是定可收到轉敗爲勝之效，也可印證「失敗爲成功之母」的諺語。

㈡假如參加比賽失利、失敗時，應切記其痛苦或慚愧在心。我國古代春秋國時吳越相爭，越王勾踐的「臥薪嚐膽」便是最佳例證。遭遇天大的挫折後含辛茹苦、臥薪嚐膽、忍耐極端痛苦並且不斷的策劃東山再起，身體力行復國工作，最後終於完成復國目標。同樣的一位運動員或運動團隊如能記住失敗的經驗，虛心檢討得失，力圖改進時不難會有新的突破。

㈢爲達成目標，在中途遇到困難或挫折時，勿輕易修正既定的目標。在意像訓練中，有時會發生達成目標途中會遭遇問題，此時該不該修正既定的目標？一位選手將目標設定在創全

國記錄，但感覺有困難而將其修正為某種大會記錄時，表示放棄該設定目標，否認自己的可能性。不過為了達成最後的目標，可在中間設定漸進性的中間小目標。如是較容易達成它。

　　㈣在腦海中意像自己曾克服失敗或艱辛的情形與效果。假如遭遇失敗或挫折時，無法立即找出解決答案，亦應謹記該問題在腦中。然後只要有時間不斷的思考克服該失敗或挫折的辦法。德國學者凱克列與物理學者紐頓利用做夢或散步解明Bon Jen環的結構或發現地心吸力便是著名的例子。這兩位傑出的學者，在腦海中不斷的浮出問題，並且從各角度、各層面去思考問題點，然後運用分析綜合等能力找出答案。運動選手在從事意像訓練時亦應仿效此法。

　　㈤依所想到的意像，嚐試實際動作。在實際意像訓練時有時會感覺效果良好，但有時會發現無多大效果。此時只會在腦海裡多方思索原因而不去實施。如想將負面意像改變為正面意像，不妨依所想到的方法嚐試實際動作，速度溜冰選手在彎道摔倒時，如何去改正它？首先宜採用錄影法將彎道摔倒的錄影畫面給選手仔細觀看，並由教練分析該選手在溜彎道時之手腳動作身體角度、加速、用力點等優缺點。然後令選手嚐試修正後的正確動作。如獲得成功，應將其運動感覺輸入長期記憶庫，以應實際比賽之需要。意像訓練常會反映自己的實力，選手本身如能培養克服失敗的能力，意像訓練時也能做到克服失敗的意像。如是不會再發生相同的失敗，遭遇危機時亦可安然渡過。如想百尺竿頭再進一步，可以描繪更完美的意像，並且以實際的動作練習接近或完成該完美的意像。

㈥獲勝時盡情歡愉，失敗時應痛哭流涕。近年來可在比賽場上發現獲勝者高舉雙手歡呼，失敗者痛苦流涕的景象。運動選手參加激烈比賽，盡全力較技的結果，以明顯的喜怒哀樂表現感情是極為正常的現象。這種感情的表現可提高意像訓練的效果。當參加比賽時發現依意像訓練演出時獲得成功或優勝時，應慶幸而盡情歡愉，如果失敗可以痛苦流涕。此時宜加上分析成功或失敗的原因，並且予以加強或修正。意像訓練並非訓練一次就可完成收效。如同人生是意像的連續一樣，想要在運動競賽場上有所成就，必須不斷的實施意像訓練。

三、善用緊張的意像訓練法

雖然有個別差異，一流選手中有不少人參加競賽時會過份緊張。相信一般人均曾體驗過參加學校大考、升學考試、留學考試、機關公司行號徵人考試時面對考試場的壓力。考試官的言行、儀容等會令人感受相當的緊張，甚至會有怯場現象。在這種情況下，不少人無法發揮平時的聰明才智，適應上述各種場面而後悔。運動競賽場面對選手而言亦有相同性質，如何克服緊張或善用緊張於競賽場面是教練指導選手的指導課程，茲列出若干方法如下：

㈠多體驗設定強大壓力場面的意像訓練。意像訓練屬於一種疑似體驗，如能在意像各種場面並且嚐試以各種方法克服該場面時，確可應用在實際行動場面上。

㈡在平時意像訓練中多意像緊要關頭的勝利情景。依照訓

練進度認眞訓練者，多可在比賽中表現良好成績，但是如求應有的成績而未設想緊要關頭或遇到未曾想過的強敵對手時，恐無法打敗對手獲得最後勝利。爲此，在平時的意像訓練裡應設定緊要關頭的場面以加強適應能力。

㈢在意像訓練中故意設定想要逃避的危機場面，然後設法克服它。在棒球賽第九局下半局時，兩隊比數成一平，並且攻擊隊三位隊員分別站上一、二、三壘而輪到四棒強打者準備擊球時，防守隊的投手心理定會產生「絕望」、「想要放棄」的心理。在意像訓練裡有時可將這種場面設定在內，使意象者在腦海中如何投球才能消除被得分的危機的反覆思索。如該選手在意像上述逼眞的因應場面時，交感神經會興奮、手掌的皮膚抵抗值會減少，呼吸數、心跳數會增加。當反覆多次上述經驗時，雖呼吸、心跳增快，但自覺可以充分發揮實力，比起不知如何是好要好得多。

㈣陷入不安時亦應面對不安，並意像勝利場面或情境。依據國際著名選手或教練的經驗談，任何偉大的選手在參賽前均會懷不安的心情，問題是如何去面對這些不安的心情或不安狀態，設法突破困境，發揮專注力以竟全功。曾獲得九面金牌的美國短跑名手卡爾路易斯便是例子。每次參加奧林匹克運動會或田徑錦標賽短距離決賽（100m, 200m）前的表情，可說相當嚴肅不輕鬆，據本身事後訴說，賽前會不斷的調整身心、意像比賽狀況，以免臨時疏忽而遺憾終身。因此，如發現賽前仍談笑風生，一如往常不介意比賽勝負之表現時，可見該選手的行爲是掩飾怯場的表現或勿視該比賽的結果。在意像訓練中，

如能先行經驗在不安或緊張中達成目標，更能在實際比賽中有良好表現。愈能把握本身的真正實力者，其意像愈鮮明者，所伴生的不安感或緊張也愈逼真的。此時可依據逼真的不安或緊張予以有效因應時可轉危為安，轉敗為勝。

(五)當本身的身心狀況不佳時，可以想對手亦並非十全。人的身心機能如同鐘擺一樣，順著一定的韻律在變化，這種變化的幅度雖有大小，但絕無法靜止。經教練的指導，選手本身的努力，均會在賽前將身心狀況調整至最佳狀態。雖然如此，有時並不如意，甚至不理想。此時在內心裡宜自行承認身心狀況雖非理想，但仍會盡其在我，發揮現有力量與對手一搏，何況對手的身心狀況也不一定在最佳狀態。由這種並非理想狀態的意像訓練中，可以培養實際比賽時發揮相當程度實力的可能性。

(六)勿以外表的言行或優勢被對方所威壓，應了解勝負決定於綜合能力。不少選手臨場比賽時，常會因對手的體格、行為，現在的成績而感覺本身不如對方。例如進入聯考考試，發現所有考生好像比自己有實力，或參加推鉛球比賽時發現所有選手的體格均比自己高大，而內心產生自卑感，其時應仔細思考，參加聯考或比賽的人，應具備多方面的能力並且臨場完全發揮實力才能如願以償的考取或獲勝。選手在參賽前如有上述自卑心態，定會發生未戰先敗的結果。相反的，初生之犢不怕虎，不論對手是歷屆的獲勝者或著名的強者，絕不畏其強勢，仍然發揮全力。有時仍可爆出冷門擊敗對方而獲勝。所以應在平時意像訓練時，應將上述狀況列在訓練內以磨鍊平常心。

㈦意像緊張場面的訓練，最好每週實施一次即可。剛開始接受意像訓練的選手，多會從事成功順利的意像場面，無法做到如同真實比賽的緊張不安情景的意像。隨著經驗的累積，選手會在意像中體驗真正比賽時的緊張刺激情境而感身心激動或俱疲。例如意像500m速度溜冰決賽時會意像到冰刀在彎道上的聲響，呼吸急促，上下肢的交互移動，身體向內傾等感覺，溜冰會有出汗，心跳加快不定的現象。不過這種緊張場面的意像最好每週實施一次即可。

㈧在訓練前的放鬆中，亦須意識某種緊張。一般來說從事意像訓練中預先行放鬆身心，否則無法專注精神從事意像訓練。但是過份強調身心的完全放鬆時，經一段時間後反而無法集中精神做有效的意像訓練。參加運動比賽前，任何人均需有若干緊張感，如完全放鬆時反而無法發揮實力。著名的日本棒球選手長嶋茂雄在選手時代，常在緊張關頭擊出全壘打以引導全隊獲勝。而他的本事就是將適度的緊張、興奮與放鬆調配至恰到好處時的產品。意像訓練時如過份強調完全放鬆，就無法收到在緊張狀態中發揮實力的訓練效果。在放鬆訓練中宜保留適度的緊張度，始能意像自己在緊張狀態中進行比賽的實況。這種鬆中有緊，緊中放鬆的感覺，可透過多項合理的意像訓練中培養。

四、維持專注力的意像訓練法

任何人均想採用意像訓練法提升運動成績，其中如何維持專注力的意像訓練佔極重要的地位。茲以條述方式，列出要點

如下：

㈠若想獲得成功，至少實施一個月的意像訓練，而意像內容愈具體愈明顯即更好。除外，如能每日在工作或上課前規定訓練時間，並且稍更換內容實施時效果更佳。如同想要學會英語會話者，必須每日撥出時間反覆練習會話一樣。意像訓練也需要繼續不斷的實施始能收宏效。不過在實施時可稍更換內容以免發生厭倦心理。

㈡如僅做靜思式意像訓練而認為效果不彰時，可以利用觀看錄影帶以找出動作要點，或是配合實際動作試試看，不少體操選手或滑雪選手在意像訓練時，配合意像搖頭晃腦或比手劃腳便是例子。

㈢為了獲知訓練效果，最好採用小團體訓練方式。原則上意像訓練屬於個人自主的訓練，但有時因個性或意願的個別差異，有些人無法持久以恆，因此訓練效果有限。此時如能採用小集團方式實施訓練，效果可能較好。理由是任何人均有其自尊與自競爭心，如與別人一同做事或訓練時，總希望有良好表現，不過如能事先給與該團隊或團體具體訓練目標，其效果可能更好。

㈣每日記錄意像訓練的過程與結果。有些人有記日記的習慣。由日記中可以了解一日所做的事情、心得。長久持之，可做回顧個人得失成敗的依據。一樣道理，如能記錄每日所做意像訓練過程與結果，對於如何修正錯誤或決定今後的努力方向有助益。日本前嶋孝教授指導選手從事意像訓練後一定會要求選手撰寫記錄。如意像順利成功即令其寫其內容，如果失敗，

令其寫出原因。下面是前嶋孝所指導的某溜冰選手的手記：

月　　日：感覺身體浮在空中而完全能放鬆。想起剛開始溜冰情
　　　　　境而感覺極為快樂。

月　　日：起溜時可以確認足部動作，能做好起溜動作，其感覺
　　　　　甚佳。

月　　日：在陸地上練習某部技術時，突然想起冬季賽，因此趁
　　　　　機會做冬季賽的意像，其意像內容是參加各季賽優勝
　　　　　的過程。

月　　日：意像冬季奧林匹克運動會當天的賽時，自己已能在緊
　　　　　張氣氛中放鬆自己。

日　　月：今天的下肢極感疲勞，因此以大腿來呼吸的感覺溜行
　　　　　時，感覺相當輕鬆。事後下肢感覺發熱。

前嶋孝教授說，上述選手如能將每次意像練習時的心理狀態予
以記載時即更好。例如心情爽快、極感痛苦、周圍煩雜、本身
在現實場面的進步情形等。

　　㈤意像時由外面描繪自己，不如由內描繪自己。剛開始從
事意像訓練時，不容易做到清新的意像，但經過多項觀看錄影
帶畫面的選手或自我的動作後逐漸會鮮明化。不過在初期會由
一種由外面觀看自己的感覺，似乎動作者本身並非自己。但經
過相當長一段時間的意像訓練後會發現，意像者本身自然的融
合在映像中，如是可說意像的技術已相當進步，可以在腦中隨
意意像動作要領與過程。

　　㈥意像訓練時勿過份想要獲勝而將重點放在成果上：意像

訓練的功用是努力實現目標與經努力累積的結果能百分之一百
的發揮出來。在比賽場上，遭遇實力遠比自己強的選手時，一
般選手都會產生怯場、懼敵心理。如果經過相當時間的意像訓
練可以培養強烈競爭精神，不易被對方打敗的精神力，這也是
意像訓練的功用。最重要的是透過意像訓練提升自己的心、
技、體綜合能力，並且完全發揮它。

㈦在意像訓練中若浮出雜念或其他不相干的意像時，應記
住其原因。雖說人人可做意像訓練，但是不一定人人都能做到
順利成功的意像。雖然訓練有素的選手，有時在意像訓練時會
滲入雜念或其他意像等，此時不妨立即停止意像，並且將其原
因記錄在日記上，以為反省資料。必要時可以再做放鬆訓練
（自律訓練），使身心獲得相當程度的放鬆後再實施。

㈧無法憶起曾固定的意像時，絕不勉強繼續意像，俟隔日
再行試做。著名的跑車駕駛人中嶋悟選手在預賽後決賽前一
天，會站在跑道一角，意像明日的比賽，例如，自己在第幾排
的位置起跑，第一個彎道應由何種角度切入，下一個應改變幾
速的檔等，做非常明細的意像。據悉長嶋選手選手會徹底的做
詳細具體的上述整個賽程的意像以求完美的比賽。人的行為會
不斷的回饋至大腦，並且儲存在長期的記憶庫內。如能合理累
積新經驗、新技術，定可以採用意像訓練法使其更加熟練精
巧。

㈨習慣意像訓練後，可以隨時實施意像訓練。訓練到某種
程度的人，可在通勤車中，或稍做休息時實施意像訓練。不過
須把握時間以免到站後忘記下車或休息過頭。

(十)多搜集成爲比賽場地的各種情報或消息。比賽場地、設備、周圍的環境會立即影響選手臨場的表現。參加奧、亞運會前，如能透過各種管道搜集這些資料，甚至讓選手在賽前親赴場區了解狀況，對於意像訓練或實際比賽極有幫助。

(±)聆聽設定具體場面的卡（錄音）帶進行意像訓練。如果使用事先錄好音的卡帶，讓運動選手從事w－up，放鬆、然後進入正式比賽程序時其效果比憑空意像來得好。例如參加溜冰比賽的意像訓練時，一面聽所錄好的卡帶中的旁白「好，先意像當天比賽時在冰場w－up的自己……。第一組已出發，下一組就是我，爲了準備在起點附近脫掉外套，……各就位，預備起！……等」以進行意像，此時選手的意像會更鮮明更有效。這種方法不僅可運用在運動競賽場面，亦可活用在求職面試上，或業務報告上。

(±)當意像已能固定時，不論身體情況好壞，必須不斷的挑戰。意像訓練的效果隨日壯大，但人並非神仙，有時會感冒或感覺不適，此時進行意像訓練時，多會呈現不理想的情境。一般來說身體狀況不佳時所能做到的意像並不理想，此時如果勉強進行訓練，其結果得不償失。因此開始接受意像訓練初期，如發現身心情況不佳，最好不要做意像訓練，而先調好身心狀況。不過話又說回來，任何一位運動選手在參加比賽時不一定能保持最佳身心狀況參賽，此時也得盡力一拼。因此，若已有相當經驗的選手，必須在身心狀況不怎麼理想時試做意像訓練，以體會不理想狀態時能發揮多少實力。

五、準備向新挑戰的意像訓練法

㈠從各種的角度分析成功的可能性。人的能力雖說有限，但站在某種立場來說亦可說無限。在第二次世界大戰前沒有人會想到人類可乘太空船從事宇宙旅行。但是僅僅半世紀之後上述現象已成事實。聰明的人爲實現自己的理想會不斷的從事思索、思考、意像等心理作用，會從不同角度去思索解決之道。一流的運動選手會從體能、技術、戰術等各種角度分析個人，團體的實力與得失，也會思考強有力對手的一切情報，然後針對對手的弱點，發揮本身的優點，採用有效的戰術克敵致勝。

㈡累積過去所做的意像以編成整個有利的整個意像過程，並且多回想過去的成功或失敗的經驗。運動比賽的場面千變萬化，有時有利於己，有時相反。其原因可能在選手本身或對手，甚至場地、設備、氣象、時間等。如能累積過去衆多的這些經驗，並且有系統的給予以分析整理，不難找出最佳因應之道。而將因應之道予以意像時可導致成功。尤其可從過去的成功、失敗等經驗找出因應法。

㈢意像目標少不如多。要使人生更豐富，不妨多設定目標，意像訓練時目標多總比目標少要好。理由是目標多，必須設法思考各種方法始能達成目標。在思考多種方法時可以發現新的可能性，而產生新挑戰的意願，然後會設法研究有效方法達成目標。不少傑出的科學家、藝術家，發明家均具有這種傾向，意大利名畫家雷拿度多賓池（微笑蒙納麗莎的作者）便是例子。除外，要了解反覆不痛不癢的經驗，不如向極限挑戰的

經驗的事實。不少人了解多種經驗的重要性，但是並不知挑戰極限能力的可貴性。人的能力說有限確有限，說無限，亦可說無限，可從不少傑出的科學家、事業家、政治家、教育家的終生作爲獲得證明。

第十章 結 語

　　二十世紀即將結束的現在，屬於競技運動各種Sports的成績，正不斷的向人類的極限邁進。有人說Sports是人類的身體文化之一，它具有無限的價值；也就是說利用環境的力量與本身的努力可不斷的向自我、他人及自然挑戰，以發揮人類的才能。不論怎麼說，想在競技運動突破自己，超越他人或自然，必須具有優異天賦的身心，然後加以長期有系統的體能、技術、精神（心智）等科學訓練，而這些訓練必須建立在合理的健康管理上。

　　我國自參加亞、奧運會以來各項運動成績雖有進步，但與歐、美、日、中共等相比，仍有一大段落差，其原因包括體育政策、經費、選手的訓賽、制度、教練素養、選手的價值觀等適切與否。自民國六十二年教育部成立體育司強力推展我國體育二十餘載，至去（八十六）年行政院成立體育委員會之後，一再強調推展全民體育增進健康、培訓優秀競技選手為國爭光，並且正逐步從各方面著手推行上述政策。

　　依據我國目前的體育政策，培養優秀競技運動選手確為重點之一，並且經多年的努力亦有若干績效。但是在選手的訓練設施、方法上是否仍有待加強的地方？相信有心人，定可以發現仍然有不少問題與缺失應予研究改善。故此不論訓練場地、設備、器材或政策等問題，僅站在訓練與比賽的立場來說，仍

有不少值得研究改進的地方。以訓練來說，如言訓練績效，應
先發掘具有天賦的運動人才。站在這種立場來說，似應以科學
測驗或自然觀察法找出可訓練之千里馬。發掘具有天賦能力的
選手後，必須針對運動項目的特性，選手的身心條件規劃長期
訓練計劃。這些計劃應包括長、中、短期訓練目標、體能、技
術、精神（心智）訓練內容、評量方法等。

　　為推展訓練績效，運動教練所扮演的角色與所負的責任極
為重要。教練不僅須指導選手勤練運動技術，熟練各種戰術，
還得不斷的加強基本及專項體能以為發揮運動技術的基礎，更
重要是如何才能使具有心靈的運動選手，運用聰明才智、臨場
發揮身心最大能力、創造佳績、克敵制勝。

　　我國各項運動教練多為運動選手出身，不少人畢業於體育
專業科系，均具有相當的教練素養，照理說對運動選手的訓練
與比賽的指導理論與實務已有相當的心得。惟深感各項運動成
績突飛猛進之際的現在，若想百尺竿頭更進一步的提升我國各
項運動選手的成績，教練似有必要除繼續研究合理的體能訓練
與技術指導法以外，有必要加強進修心智訓練的指導法。以目
前世界先進國家來說，在平時訓練或比賽時已大幅引用心智訓
練法，以提升運動選手的心理極限，並且收有著效。

　　筆者多年來就注意這一點，並且趁每年出國開會或考察之
際，儘量搜集相關文獻與論文，不時予以研讀。經過若干年
的思考與準備後萌起撰寫《體育教師與教練必備的心智訓練
法》的動機。並且自今（1998）年2月開始執筆，所包括的內
容為：

1.前　言。

2.在競技運動獲勝的條件。

3.教練的任務。

4.競賽性心理的意義、結構及其重要性。

5.競賽性心理能力的測驗。

6.加強競賽性心理能力的方法。

7.提升競賽性心理能力的具體步驟。

8.意像訓練法。

9.心智訓練的具體示例。

10.結語。

撰述本書曾引用不少文獻與筆者多年使用的心理測驗法，所撰內容儘量兼顧理論與實務，但願本書對培養優秀選手或提升體育教學效果有所助益。

參考文獻

1. 市村操一編著　トップアスリーツのための　心理學「スポーツ心理學入門」　同文書院平成5年6月

2. 猪俣公宏著　プレッシャーに強くなる法　ごま書房　1992年11月

3. H. A. Dorfman and Karl Kuehl共著，白石豊譯　野球のメンタルトレーニング　大修館書店　平成5年4月

4. W. Timothy Gallwey著　後藤新彌譯　インナーテニス　日刊スポーツ出版社　昭和53年7月

5. David Graham著　白石豊譯　ゴルフのメンタルトレーニング　大修館書店　平成4年3月

6. 前嶋孝著　勝つためのイメージトレーニング法　ごま書房　1991年12月

7. Kay Porter and Judy Foster共著　阿江美恵子等譯　メンタルトレーニング　不昧堂出版　昭和63年10月

8. 高妻容一著　明日から使える　メンタルトレーニング　ベースボールマガジン社　1995年3月

9. 江川玟成著　勝利への「實踐」メンタルトレーニング　チクマ秀版社　平成4年7月

10. 武田建著　最新コーチング讀本　ベースボールマガジン社　1997年6月

11.日本陸上競技連盟編譯　佐佐本秀幸、小林義雄監修　陸上
　競技の　コーチングマニユアル（基本編）　ベースボール
　マガジン社　1987年1月

12.猪侯公宏編　JOC日本體育協會監修　選手　とコーチのた
　めの　メンタルマネジメント・マニユアル　大修館書店
　1997年7月

13.宮木貢編集　メンタル・タフネス讀本　スポーツで勝つ心
　のトレーニング　朝日新聞社　1993年6月

14.Rainer Martens著　猪侯公宏譯　コーチング・マニユア
　ル　メンタルトレーニング　大修館書店　1991年4月

15.中邊四郎編著　メンタルトレーニング　ワークブツク　道
　和書院　平成6年7月

16.スポーツ實踐研究會編　入門スポーツの心理　不昧堂　平
　成9年4月

17.小林晃夫著　曲線型の話……人間育成の道しるべ　東京心
　理技術研究會　昭和49年12月

18.小林晃夫著　スポーツマンの性格……性格から見た運動技
　能上達への道　杏林書院　1986年2月

19.阿部征次著　コーチングあらかると（實踐的コーチングの
　技法）ベースボールマガジン社　1994年12月

20.杉本英世著　勝負強くなる　ゴルフ心理學　ベースボール
　マガジン社　1991年11月

21.Terry Orlich著　高妻容一、高妻ジョーアン・山本勝昭
　共譯　トップレベルのメンタルトレーニング　ベースボー

ルマガジン社　1996年6月

22.日本スポーツ心理學會編　スポーツ心理學Q and A 不昧堂出版　昭和59年1月

23.松田岩男、藤田厚、長谷川浩一編著　スポーツの競技の心理（講座現代のスポーツ科學8）　大修館書店　1979年1月

國家圖書館出版品預行編目資料

體育教師與教練必備的心智訓練法

吳萬福著.— 初版.— 臺北市：
臺灣學生，1998(民 87)
面；公分

ISBN 957-15-0892-6 (平裝)

1. 體育心理學 2.運動員 3.體育 – 教師 4.教育(運動)

528.9014 　　　　　　　　　　　　　　　87010733

體育教師與教練必備的心智訓練法

著　作　者：吳　　　萬　　　福
出　版　者：臺　灣　學　生　書　局
發　行　人：孫　　　善　　　治
發　行　所：臺　灣　學　生　書　局
　　　　　　臺 北 市 和 平 東 路 一 段 一 九 八 號
　　　　　　郵 政 劃 撥 帳 號 ００ ０ ２ ４ ６ ６ ８ 號
　　　　　　電　話 ： (0 2) 2 3 6 3 4 1 5 6
　　　　　　傳　真 ： (0 2) 2 3 6 3 6 3 3 4
本書局登
記證字號：行政院新聞局局版北市業字第玖捌壹號
印　刷　所：宏　輝　彩　色　印　刷　公　司
　　　　　　中 和 市 永 和 路 三 六 三 巷 四 二 號
　　　　　　電　話 ： (0 2) 2 2 2 6 8 8 5 3

定價平裝新臺幣二二〇元

西 元 一 九 九 八 年 九 月 初 版

52803

臺灣學生書局出版吳萬福教授著作書目

1. 運動比賽的心理　　　　　　　　　　　　　　　平裝　80 元

2. 體育運動心理學實驗指引　　　　　　　　　　　精裝 250 元

3. 體育教學的心理　　　　　　　精裝 260 元，平裝 200 元

4. 體育教材教法研究　　　　　　　　　　　　　　平裝 160 元

5. 體育教師與教練必備的心智訓練法　　　　　　　平裝 220 元